生長の家会員必携

〝新しい文明〟を築こう

上巻　基礎篇「運動の基礎」

監修　谷口雅宣

監修《かんしゅう》にあたって

本書は、生長の家が進めている「〝新しい文明〟の基礎《きそ》を作るための二〇二〇年度運動方策」の中にある、次の構想から生まれた――

国際本部（広報・クロスメディア部）は、生長の家が立教から第二次大戦、冷戦時の政治運動を経て、民族・宗教対立の克服《こくふく》を目指す国際平和信仰《しんこう》運動に至る足跡《そくせき》を概観《がいかん》し、現在はなぜ地球生命全体の繁栄《はんえい》を目的とする〝新しい文明〟の構築に向かっているかを会員に伝えるため、神示や祈《いの》り、講演など、教団史上の重要文書をまとめた〝会員必携《ひっけい》書〟を総裁・谷口雅宣先生の監修で発行する。

文章にすればそれだけのことだが、いざ実際に編集作業を進めていくと、これだけ盛りだくさんの内容のものを一冊の本にまとめることは至難の業《わざ》であることが分かってきた。また、収録する〝重要文書〟の数を絞《しぼ》ることも相当に困難なことが明らかになった。なにしろ、生長の家の運動は立教から九十年を経ているから、その間の日本と世界の変化は大きく、その変化に対応する私たちの運動の変化も尋常《じんじょう》でなかった。それらの動きを示す文書は、みな重要であると言える。しかし、その種の文書をすべて掲載《けいさい》する紙面の余裕《よゆう》はとてもない。したがって、本書に収録されたものは、運動史上重要であるだけでなく、今後の生長の家の運動に必要なものの考え方、教義の理解の仕方等を述べたものに限定せざるを得なかった。それでも、当初の構想で一冊の単行本だったものが、上・中・下の三巻になった。

各巻の内容は、それぞれの副題が示している通りである——

上巻（基礎篇《きそへん》）　運動の基礎
中巻（実践《じっせん》篇）　運動の具体的展開
下巻（歴史・資料篇）運動の軌跡《きせき》――宗教と戦争を中心に

上巻はまず、本書三巻に通底する視点から描《えが》いた「立教から国際平和信仰《しんこう》運動までの歴史概観《がいかん》」で始まる。その後、生長の家の運動の基礎となる信条、指針、シンボル、方針、祈《いの》り、運動の基本的な考え方などを収録した。また神示は、教えの基本となる二十五を入れ、日本の戦争に関する記述が多い八つの神示は、少し性格が異なるので下巻に回し、そこで宗教と戦争の問題を扱《あつか》うことにした。

この「歴史概観」は、これまでの生長の家の歩みを、日本の現代史と国際関係の動きとの関連で描いたもので、『生長の家五十年史』（一九八〇年、日本教文社刊）など過去に出された教団史にはない視点に立っている。また、過去の教団史で記述が避《さ》けられてきた事実にも触《ふ》れ、歴史から学ぶことの重要性を述べている。

「歴史から学ぶ」という視点については、二〇〇三年（平成15）の夏に行われた「生長の家教修会」の記録をまとめた単行本『歴史から何を学ぶか――平成十五年度生長の家教修会の記録』（生長の家刊）が、宗教の立場から意義の解明に取り組んでいるが、この「歴史概観《がいかん》」の文章は、その問いかけに一定の回答を与《あた》えていると思う。読者は、この視点をよく理解されたうえで、生長の家の運動の中で変化したものの奥《おく》に、立教当時から確として変わらない中心的理念と教義の永続を読み取っていただきたい。

中巻では、今日、生長の家が地球生命全体の繁栄《はんえい》を目的として具体的に運動を展開していることを示す文章を収録した。また、日本における祭式・儀礼《ぎれい》の方法を掲載《けいさい》し、〝造化の三神〟の祭祀《さいし》方法や「四無量心を行ずる神想観《しんそうかん》」の新しいやり方をはじめ、従来からある観法や祭式――一部は自然との大調和を期す目的で改変――の方法も収録した。

下巻はまだ細部が定まっていないが、生長の家が戦争と平和の問題を歴史的にどう捉《とら》えてきたかを描《えが》くために、日本の戦争について示された神示とその解説を収録する。ここでは、戦争の評価をめぐる神示の内容の変遷《へんせん》などを振《ふ》り返り、創始者、谷口雅春先生の時代の運動から、今日の運動にいたる変化がなぜ起こっているかを解説する予定である。そのため、信仰《しんこう》によって戦争ではなく、世界に平和をもたらすことの意義と重要性を訴《うった》えた文章を収録することにしている。

生長の家で〝信徒必携《ひっけい》〟の目的で編まれた単行本は、『聖光録』（日本教文社刊）がすでにある。これには、一九五三年（昭和28）のもの、一九六七年（昭和42）のもの、そして一九七九年（昭和54）発行の『新編　聖光録』があり、それぞれの時代の運動の状況《じょうきょう》を反映した内容になっている。本書三巻の編集に際しては、これらを参考にし、宗教運動として現代に不可欠のものは残したが、そうでないものは歴史的に重要であっても割愛するなど、収録文章を大幅《おおはば》に入れ替《か》えた。特に、前掲《ぜんけい》の二冊にほとんど欠けていた二代目総裁、谷口清超先生の御《ご》文章の中には、現在の運動の端緒《たんしょ》となった重要なものがあるので、それらはできるだけ収録した。

最後に、本書全体の表現と表記について付言する。

本書は〝会員必携《ひっけい》〟と銘打《めいう》っているから、信徒・会員が日常生活や運動の過程で何回でも気軽に参照してもらいたいと考え、「分かりやすい」ことを主眼に編集した。したがって、現代では日常的に使わない文語的表現などは、原典にあってもわかりやすく書き直した。このため、宗教的な荘重《そうちょう》さが一部犠牲《ぎせい》になっているかもしれない。

また、年代表記についても分かりやすさを優先した。本書は既述《きじゅつ》したように「歴史から学ぶ」ことを重視しているため、年代については西暦《せいれき》表記を優先した。日本独自の元号による年代表記は、国内における意義は十分認めるものの、世界の歴史や世界での出来事と、国内の出来事との関連性を見えなくしてしまうというデメリットがある。特に、国際化・グローバル化が進展している現代では、「時代性」や海外との「関連性」を意識した現実理解や、その現実に立脚《りっきゃく》した信仰《しんこう》運動は不可欠だから、敢《あ》えてこの方法を採用した。

生長の家の信徒・会員の皆《みな》さんには、本書を熟読されて、昭和初期に始まった人類光明化運動が、三世代九十年にわたる歴史の中でどのように展開し、また挫折《ざせつ》や停滞《ていたい》があったとしたら、それはなぜであり、先人や私たちが何をどう克服《こくふく》し、今日、人類全体を含《ふく》む地球生命の問題になぜ、どう対処しようとしているかを理解されたい。また、宗教がテロや戦争の原因または助因となってきた過去の歴史から決別して、「信仰による平和」実現に貢献《こうけん》する道がここにあることを理解され、「生活そのものが宗教となるところに特色がある」（『菩薩《ぼさつ》は何を為《な》すべきか』はしがき）私たちの運動に、聖使命菩薩として参加する喜びを知り、それをさらに多くの人々《ひとびと》に伝えていただければ、筆者の喜びこれに過ぎるところはない。

二〇二〇年（令和2）三月吉日

谷口　雅宣　記

凡例

一、本書に収録した文章の原文には、正漢字・歴史的仮名遣《かなづか》いを用いた文章が含《ふく》まれていた。本書収録に際し、これらは原則として常用漢字・現代仮名遣いに改めた。ただし、書名に関しては正漢字のものはそのままとした。

一、振《ふ》り仮名の振り方は、原則として原文の振り仮名を踏襲《とうしゅう》したが、表記は現代仮名遣いに統一し、文章のバランスや読みやすさを考慮《こうりょ》して振り仮名の数を調整した。

一、原文には、注釈《ちゅうしゃく》なしで意味がとれるように特殊《とくしゅ》の読み方をした振り仮名もあったが、その場合はすべて原文を尊重した。

大調和の神示

汝《なんじ》ら天地一切のものと和解せよ。天地一切のものとの和解が成立するとき、天地一切のものは汝の味方《みかた》である。天地一切のものが汝《なんじ》の味方となるとき、天地の万物何物《ばんぶつなにもの》も汝《なんじ》を害することは出来ぬ。汝《なんじ》が何物かに傷つけられたり黴菌《ばいきん》や悪霊《あくれい》に冒《おか》されたりするのは汝《なんじ》が天地一切のものと和解していない証拠《しょうこ》であるから省《かえり》みて和解せよ。われ嘗《かつ》て神の祭壇《さいだん》の前に供物《そなえもの》を献《ささ》ぐるとき、先《ま》ず汝《なんじ》の兄弟と和《わ》せよと教えたのはこの意味である。汝《なんじ》らの兄弟のうち最も大《だい》なる者は汝《なんじ》らの父母《ちちはは》である。神に感謝しても父《ちち》母《はは》に感謝し得《え》ない者は神の心にかなわぬ。天地万物《ばんぶつ》と和解せよとは、天地万物《ばんぶつ》に感謝せよとの意味である。本当の和解は互《たが》いに怺《こら》え合ったり、我慢《がまん》し合ったりするのでは得《え》られぬ。怺《こら》えたり我慢《がまん》しているのでは心の奥底《おくそこ》で和解していぬ。感謝し合ったとき本当の和解が成立する。神に感謝しても天地万物《ばんぶつ》に感謝せぬものは天地万物《ばんぶつ》と和解が成立せぬ。天地万物《ばんぶつ》との和解が成立せねば、神は助けとうても、争いの念波《ねんぱ》は神の救いの念波《ねんぱ》を能《よ》う受けぬ。皇恩《こうおん》に感謝せよ。汝《なんじ》の父母《ちちはは》に感謝せよ。汝《なんじ》の夫又《また》は妻に感謝せよ。汝《なんじ》の子に感謝せよ。汝《なんじ》の召使《めしつかい》に感謝せよ。一切の人々《ひとびと》に感謝せよ。天地の万物《すべてのもの》に感謝せよ。その感謝の念の中《うち》にこそ汝《なんじ》はわが姿を見、わが救《すくい》を受けるであろう。われは全《すべ》ての総《すべ》てであるからすべてと和解したものの中《なか》にのみわれはいる。われは此処《ここ》に見よ、彼処《かしこ》に見よと言うが如《ごと》くにはいないのである。だからわれは霊媒《れいばい》には憑《かか》らぬ。神を霊《れい》媒《ばい》に招《よ》んでみて神が来《く》ると思ってはならぬ。われを招《よ》ばんとすれば天地すべてのものと和解してわれを招《よ》べ。われは愛であるから、汝《なんじ》が天地すべてのものと和解したとき其処《そこ》にわれは顕《あらわ》れる。

（昭和六年九月二十七日夜神示）

〈注〉

初出：『生長の家』一九三一年（昭和6）十二月号

〝新しい文明〟を築こう

上巻　基礎篇「運動の基礎」

―目次―

第一章　運動の基礎

第二章　教えの基本となる神示

ブックデザイン　黒野真吾

第一章

運動の基礎

立教から国際平和信仰《しんこう》運動までの歴史概観《がいかん》

生長の家は一九三〇年（昭和5）、谷口雅春先生によって創始されました。谷口雅春先生は一九八五年（昭和60）に逝去《せいきょ》され、生長の家総裁の法燈《ほうとう》は同年、谷口清超先生が継承《けいしょう》されました。谷口清超先生は生長の家総裁として二十三年にわたって生長の家の運動を指導され、二〇〇八年（平成20）に逝去されました。そして現在は、清超先生の逝去にともなって谷口雅宣先生が総裁の法燈を継承され、生長の家総裁として教義の判釈《はんじゃく》と運動の進め方を指導されています。

ここでは、谷口雅春先生から谷口清超先生、谷口雅宣先生まで、三代にわたる総裁の下での生長の家の運動の歴史について概観します。宗教運動は真理の宣布を行うとともに、時代や社会の変化の中で悩《なや》む人々《ひとびと》を救済する役割があるため、それらの変化に対応して教えを展開する必要があります。したがって、ここでは、特に立教以来の大きな社会的出来事――戦争や敗戦、武力を使わない〝冷戦〟、国際化・グローバル化の進展、そして一国の範囲《はんい》に留まらずに地球規模にまで拡大している環境《かんきょう》問題など、国際社会、地球環境の変化に直面して、生長の家がどのように対応したか、また現在対応しつつあるかを概観《がいかん》することにします。

立教から第二次世界大戦まで

谷口雅春先生は長年にわたる求道の末に、真・善・美が共に備わった神一元の「実相」の世界を見出《みいだ》され、その悟《さと》りの喜びを発表する雑誌の発行を願われました。そのため、サラリーマンとしての月給の一部を積み立てて発行の準備をされていましたが、二度の盗難《とうなん》に遭《あ》ってその資金を失った時、「今起《た》て！」との神啓《しんけい》を受けて雑誌の発行に着手されました。[1] その結果、一九三〇年（昭和5）三月一日付けで個人雑誌『生長の家』が誕生しました。これは、妻である谷口輝子先生とお二人だけで始めた真理宣布の運動でした。当時は、宗教の教えを文書によって弘《ひろ》める試みはまだ珍《めずら》しかったのですが、谷口雅春先生は使命感に燃えて果敢《かかん》に取り組まれ、やがてこの方法は「文書伝道」として、生長の家の布教活動の柱の一つとなります。

生長の家の初期の教義は、谷口雅春先生が受けられた「神示」（神からの啓示《けいじ》）がその〝骨格〟をなしています。先生は、一九三〇年（昭和5）十一月四日の「生長の家の食事」を初めとして、一九四六年（昭和21）一月六日の「大和《だいわ》の国の神示」に至るまで三十三の神示を私たちに残されています。そのうち二十九までが立教の年を含《ふく》む三年間で下されていることは、注目されます。

立教当初の日本の状況《じょうきょう》を振《ふ》り返ると、一九二九年（昭和4）に米国で起き、世界中を巻き込《こ》んでいった世界恐慌《きょうこう》の影響《えいきょう》が日本にも及《およ》び始めた時期です。一九三〇年（昭和5）から翌年にかけては、日本経済を危機的な状況に陥《おとしい》れた「昭和恐《きょう》慌《こう》」の時代で、戦前日本における最も深刻な経済危機の最中でした。

このような暗く厳しい世相にもかかわらず、谷口雅春先生は毎月『生長の家』を発行され、雑誌の読者の集まりである誌友《しゆう》会や講演会を開催《かいさい》し、個人指導を行って、「人間は神の子である」との教えに基づき、「生命を礼拝《らいはい》する生き方」「日時計主義の生き方」などを多くの人々《ひとびと》に伝えられました。生長の家の教えを知った人々が自らの心を変えると、病気が治ったり、家庭や職場の人間関係が好転するなどの体験が続出し、喜びに満たされた人々がさらにこの教えを知人等に伝えることによって、生長の家の教えは幅広《はばひろ》く社会に受け入れられていきました。また、この文書伝道により、教えは日本国内にとどまらず、経済が逼迫《ひっぱく》した日本から新天地を求めて世界各地に渡《わた》った日系移民を通じて、各国・地域にも広がっていきました。[2]

この頃《ころ》の世界は、大恐慌《きょうこう》の後、欧米《おうべい》諸国が閉鎖《へいさ》的な経済圏《けん》を作り始め、世界経済はブロック化の方向へ進み、各国の対立が深まっていきました。日本でも、国内に乏《とぼ》しい石油、鉄鉱石などの鉱物資源を海外から得て、人口増加の中で食糧《しょくりょう》を確保する必要が説かれ、欧米《おうべい》諸国の植民地政策にならい、植民地や領土の拡大を唱える人々《ひとびと》が影響《えいきょう》力を増していました。具体的には、日露《にちろ》戦争と第一次世界大戦で獲得《かくとく》した満州《まんしゅう》の利権や領土を拡大して、経済的難局を突破《とっぱ》しようとする考えが、軍部や超国家主義者の間で人気を得はじめ、一部の国民がそれに呼応して国内外で言論弾圧や殺傷事件を起こす一方、軍部は憲法に定められた天皇の「統帥権《とうすいけん》」を理由にして、国政への発言力を強めていきました。[3] 立教の翌年にあたる一九三一年（昭和6）には満州事変、一九三二年（昭和7）には五・一五事件、一九三六年（昭和11）には二・二六事件が起こりました。この間の一九三三年（昭和8）、日本は、満州を中国へ返還《へんかん》すべしとする国際連盟から脱退《だったい》し、国際的に孤立《こりつ》。さらに、満州事変を発端《ほったん》に中国との対立を深め、一九三七年（昭和12）、関東軍が仕かけた盧溝橋《ろこうきょう》事件を契機《けいき》に日中戦争が勃発《ぼっぱつ》しました。そして、日中戦争の長期化に伴《ともな》い、中国との経済関係の拡大を望む米・英などと対立を深めた日本は、一九四一年（昭和16）、ついに太平洋戦争に突入《とつにゅう》しました。

当時、谷口雅春先生は、大日本帝国《ていこく》憲法に定められたように、日本の軍隊は天皇に直属し、天皇の命令によって動くのだから、戦争は天皇の御心《みこころ》によって行われていると考えられました。それゆえに、日本の戦争は、中国大陸の利権保護や食糧《しょくりょう》増産のためなどという現象的損得が目的ではなく、「天皇陛下の大御命令《おおみいのち》のために生命を捧《ささ》げ、生命を帰一せしめる」[4]ことだと説かれました。そして、「情としては戦争は好まないことながら」[5]世界にはやがて皇軍（天皇の軍）の活躍《かつやく》によって天皇を中心とする秩序《ちつじょ》が到来《とうらい》すると説かれ、また、この戦争は「肉体なる仮相の人間の私意を否定して、驀直《まっしぐら》に天皇《すめらみこと》の御命令《おおみいのち》に帰一するところの一つの神聖なる宗教的行事」[6]と見るべきであり、それは〝神聖戦争〟であると説かれました。[7]

先生は、一九四二年（昭和17）六月には、満州《まんしゅう》建国十周年慶祝《けいしゅく》講習会のため、朝鮮《ちょうせん》、満州《まんしゅう》各地を巡《めぐ》られ、[8]また生長の家の月刊誌や誌友《しゆう》会などで、天皇を中心とする世界平和を持ち来す日本の使命を説かれました。さらに、戦況《せんきょう》が厳しくなると、生長の家は教団として陸軍と海軍に軍用機各一機を献納《けんのう》[9]。雅春先生は一九四三年の八月から九月にかけて、第二回目の朝鮮《ちょうせん》、満州への巡錫《じゅんしゃく》をされた[10]だけでなく、戦時出版体制の強化に伴《ともな》い『白鳩』誌を『決戦』と改題して出版を継続《けいぞく》されました[11]。また「皇軍必勝」と墨書《ぼくしょ》した短冊を誌友に大量に配布される[12]などして、戦争遂行《すいこう》に協力されました。

しかし、一九四四年（昭和19）、先生は中国各地で講演をされた際、南京郊外《こうがい》において生長の家の信奉《しんぽう》者で大陸派遣《はけん》軍総司令官だった岡村寧次《やすじ》大将と二人きりで面談されたことで、戦争の実態の端緒《たんしょ》に触《ふ》れられたようです。岡村大将は先生に「今の日本軍は皇軍ではない」と話し、日清日露《にちろ》の戦争の時のような軍紀に忠実な軍隊ではなく、占領《せんりょう》地では殺人、強盗《ごうとう》、強姦《ごうかん》を行って上官が抑止《よくし》できない場合もあることなどを知らされました。この頃《ころ》から先生は、この戦争は天皇の御心《みこころ》による〝聖戦〟ではないと考えられるようになりました。[13]

その後、アメリカ軍による日本本土の空襲《くうしゅう》は激しさを増し、一九四五年（昭和20）八月には長崎と広島に原子爆弾《ばくだん》が投下され、ついに八月十五日、日本は天皇の〝御《ご》聖断〟により敗戦となったのです。

大戦が終わって

谷口雅春先生は戦後、直ちに日本の復興のために活動を再開されます。物資不足で用紙がとだえ、休刊状態だった『生長の家』『白鳩』を一九四五年（昭和20）の十一月号から復刊されました。[14] その復刊第一号の『生長の家』誌で先生が呼びかけられた翻訳《ほんやく》者の募集《ぼしゅう》広告に応募《おうぼ》したのが、二十六歳の青年、荒地清超氏（後の谷口清超先生）でした。[15] また、雅春先生は『生長の家』の同月号には、「吾等《われ》が戦争を未然に防ぐことを得ざりしは吾等が単なる宗教運動に終始して其《その》精神を政治力にまで発展せしめざりしがためなり。」と書かれ、生長の家が今後、政治に関《かん》与《よ》するとの決意を表明されました。[16]

一方、日本には占領《せんりょう》軍が上陸して社会に大きな変化が起こりつつあったため、雅春先生は日本の前途《ぜんと》を思って眠《ねむ》れない夜を過ごされていたのですが、そんなある日、約十年ぶりに神示を受けられました。それが「終戦後の神示」（一九四五年十一月二十七日）、「日本の実相顕現《けんげん》の神示」と「君民同治《どうじ》の神示」（同年十二月二十八日）、「大和《だいわ》の国の神示」（一九四六年一月六日）です。[17]これらの神示には、先の大戦は神が戦いをさせている〝聖戦〟ではなく、迷いと迷いが打ち合って自壊《じかい》する現象だったこと、迷いの軍隊を「皇軍」と思い違《ちが》いしていたこと、日本民族が世界を治めるという考えは誤りであり、神の御心《みこころ》が世界を治めるべきこと等が示されています。先生が敗戦前、日本の戦争を〝聖戦〟と考えられ、その遂行《すいこう》を支援《しえん》されたのは誤りだったことが明確に示されたのです。

冷戦の時代

一九五〇年代に入ると、世界は米ソの二つの陣営《じんえい》へと分断が進みました。中でも、最も大きな影響《えいきょう》を戦後の日本に与《あた》えたのが、一九五〇年の朝鮮《ちょうせん》戦争の勃発《ぼっぱつ》でした。これは日本がまだアメリカの占領《せんりょう》下にあった年で、この出来事のおかげでアメリカは占領政策を大きく変更《へんこう》し、日本を共産主義陣営からの自国防衛の最先端拠点《さいせんたんきょてん》と位置づけ、再軍備を求めるようになりました。また、谷口雅春先生は、一九四八年から三年間、占領軍から公職追放の処分を受け、執筆《しっぴつ》や講演活動を制限されました。[18]

中心者が三年にわたり活動の制限を受けるという教団の非常事態に際して、教団の発展に貢献《こうけん》されたのが荒地清超氏でした。[19] 同氏は一九四六年から六年がかりで谷口雅春先生との共著『世界光明思想全集』の発行に深く関わり、生長の家と近い関係にある世界のニューソート系の数々《かずかず》の思想を広く日本に紹介《しょうかい》しただけでなく、同年十一月、谷口雅春先生の令嬢《れいじょう》、谷口恵美子先生と結婚《けっこん》されて谷口家の養子となり、一九五七年には三十七歳で生長の家副総裁となられます。

このような後継《こうけい》者誕生の朗報がある中で、しかし世界では冷戦が深刻化していきます。先に触《ふ》れた朝鮮《ちょうせん》戦争は、冷戦の〝引き金〟ではなく、それ以前の一九四九年には、共産主義国家実現を目標として掲《かか》げる毛沢東《もうたくとう》が中国大陸の内戦に勝利し、中華《ちゅうか》人民共和国が成立するという重要な出来事がありました。また、この同じ年、ヨーロッパでの反共軍事同盟である北大西洋条約機構（ＮＡＴＯ）が結成されました。そして、それに対峙《たいじ》するソ連側のワルシャワ条約機構の成立が一九五五年です。世界はこうして「東西対立」の厳しい時代に入りました。

一九五一年に公職追放を解除された谷口雅春先生も、二項《こう》対立のこの大きな世界的潮流に重大な関心をもたれ、一九五五年（昭和30）には共産陣営《じんえい》による暴力革命を防ぐ必要があると考えられ、同年からの生長の家の運動計画として「次第に必至の形勢に近づきつつある日本暴力革命を阻止《そし》せんがための光明化運動三カ年々次《ねんじ》計画」を掲《かか》げられました。[20]

危機感を感じた先生は、一九五六年（昭和31）八月一日号の『聖使命』新聞に、鳩山一郎首相宛《あて》の「明治憲法復原の宣言」を建言する公開状を掲載《けいさい》しました。先生は当時、「戦争放棄《ほうき》」の文言を掲げた日本国憲法のもとでは共産陣営《じんえい》による暴力革命は防げないと考えられ、同憲法は占領《せんりょう》下で制定され、日本国民の意思が十分反映されていないから、首相が無効を宣言することで明治憲法を復元した後、同憲法を改定する道を進むべしと考えられていました。[21]しかし、鳩山首相がその宣言を行うことはなく、その後の歴代首相も明治憲法復元論に耳を傾《かたむ》けることはありませんでした。しかし先生は、その後も、生長の家が政治に関わる機会がある度に明治憲法復元の必要性を説き続けられました。

　また、谷口雅春先生は日本国民のあいだに、「経済的理由」による人工妊娠《にんしん》中絶の件数が急増していることを憂《うれ》えられ、一九五九年（昭和34）、胎児《たいじ》の命を守るために優生保護法（現在の母体保護法）の改正を提唱されました。教団もこれに呼応し、一九六〇年（昭和35）から白鳩会を中心に同法改正を請願《せいがん》する署名運動を展開、一九六二年（昭和37）までに累計《るいけい》三〇〇万人の署名を集めて国会に働きかけました。しかし、産婦人科医の団体の強力な抵抗《ていこう》に遭《あ》うなどして国会を動かすことはできませんでした。[22]

　これをきっかけに生長の家は、署名や請願による〝下からの働きかけ〟だけでは政治は正しく動かないと考え、代表者を国会に送って〝上からの変革〟を行なうことにより、明治憲法復元や優生保護法改正などの政治目標を達成する方針に切り換《か》えました。そして一九六二年（昭和37）の参議院選挙、翌年の統一地方選挙、衆議院選挙で候補者を擁立《ようりつ》して選挙運動を展開しただけでなく、[23] 一九六四年（昭和39）には政治結社「生長の家政治連合」（生政連）を結成して、政治運動に拍車《はくしゃ》をかけることになりました。生政連運動の成果としては、一九六六年（昭和41）の建国記念の日の制定[24]や一九七九年（昭和54）の元号法制化[25]が挙げられます。しかし、雅春先生が〝悲願〟とされた明治憲法復元や優生保護法改正は実現しませんでした。

一九七五年（昭和50）、八十二歳になられた谷口雅春先生は、輝子先生とともに〝お山〟と呼ばれた東京・原宿のお住まいから長崎県の生長の家九州別格本山の総裁公邸《こうてい》に移住されました[26]。龍宮住吉本宮《りゅうぐうすみよしほんぐう》建立の陣頭《じんとう》指揮をとられるためです。先生は、生政連や信徒が熱烈《ねつれつ》な活動を展開したにもかかわらず、明治憲法復元や優生保護法改正を目指した政治運動が奏功しない中、日本が唯物《ゆいぶつ》的経済発展の方向にのみ進むのをご覧になり、もはや人間の力によって日本の政治を良くすることは望めないと考えられ、住吉《すみよし》大神の神力による日本と世界の平和実現を期して、神社建立の大事業に臨まれたのです[27]。そして、龍宮住吉本宮は一九七八年（昭和53）に落慶《らっけい》し、九州別格本山は「生長の家総本山」と改称《かいしょう》されました。

生長の家の通常の意思決定は長年、東京・原宿の本部会館で行われてきましたが、雅春先生は一九八〇年（昭和55）三月二十一日の最高首脳者会（当時）を最後に、この意思決定機関に参加されることはありませんでした。このことにより、先生の長崎県への移住には、副総裁の谷口清超先生に教団の運営と運動とを託《たく》されるお考えがあったと思われます。

　谷口清超先生が、雅春先生から実質的に生長の家の運動を託されることになって以降、特筆すべき第一のことは、生政連の活動停止（その後、解散）の決定です。生長の家が政治に深く関与《かんよ》することによって、様々《さまざま》な面で弊害《へいがい》が出てきました。日本各地で行われる選挙のたびに信徒は選挙運動に駆《か》り出され、本来の宗教活動が後回しになる傾向《けいこう》が続いていました。この問題は一九六八年（昭和43）にも谷口雅春先生が危惧《きぐ》を抱《いだ》かれていたことでした。[28]また、政治家はひとたび当選すると、党や自らの事情を優先して、生長の家がめざす政策実現をないがしろにする傾向が明らかになりました。

　こうした状況《じょうきょう》を受け、一九八三年（昭和58）七月五日の生長の家理事会において、生政連の活動停止が決定されました。生政連結成の動機となった優生保護法改正が同年の通常国会で果たすことができず、また同年六月の参議院選挙で推薦《すいせん》した候補が落選し、さらには生政連の組織上の問題や運用上の歪《ゆが》みも出たことから、生政連の活動を停止して、本来の宗教活動に注力する方針へと大転換《てんかん》が図られたのです。[29] 以後、生長の家は、純粋《じゅんすい》な信仰《しんこう》運動として教義の宣布と信徒拡大をはかるために、従来、政治目的で行動をともにしてきた日本国民会議などの〝愛国団体〟とも別れ、生長の家総裁が全国を回って講話をする生長の家講習会の推進活動を中心とした運動を展開することになります。これにより、生長の家は明治憲法復元や優生保護法改正の運動を含《ふく》むすべての政治運動を終了《しゅうりょう》しました。なお、その後、一九九五年（平成7）一月九日の生長の家理事会で生政連中央部の解散が決定され、生政連は同年同月二十七日付で自治大臣等宛《あて》に解散届を提出しています。

この重要な決定のほかに、谷口清超先生が生長の家の運動において大きく貢献《こうけん》されたことが二つあります。その一つは「三者組織の構築」であり、その二つは「聖歌の作詞・作曲」です。「三者組織」とは、現在の「生長の家白鳩会」「生長の家相愛会」「生長の家青年会」のことです。生長の家の運動は、この改革が行われる前には、「誌友《しゆう》相愛会」という誌友会を開催《かいさい》する地理的な単位組織を基盤《きばん》として進められてきましたが、この単位組織は、比較《ひかく》的年配の男性が長となって、その下で女性や青年が活動する形になっていました。この形態では、運動に安定性や継続《けいぞく》性が生まれるというメリットはありましたが、多数の信徒が運動に加わるにつれて、性別や年齢《ねんれい》別に生じる独自性や創造性が犠牲《ぎせい》になる傾向《けいこう》が生じます。とりわけ宗教の信者には女性が多いため、男性の長によって多数の女性が支配されるという弊害《へいがい》も生じました。また、若者の自由な発想や行動力が十分生かせない傾向もありました。

谷口清超先生は、性別、年齢別に信徒を組織化してこれらの問題を解決しようと思われ、それぞれが対等な関係をもつ三者組織を作られたのです。[30] このおかげで、女性が自由に活動できることとなり、女性信徒の数は飛躍《ひやく》的に増加しました。

また、谷口清超先生は、若い頃《ころ》からギターやバイオリンなどの楽器をたしなまれ、六十歳から電子オルガンに進まれ、その頃からは作曲も始められました。[31] そして、一九八一年の『あなたを讃《たた》える歌』を皮切りに、二〇〇一年の『水と森の歌』にいたるまで二十曲の聖歌を発表され、これに奥様《おくさま》である谷口恵美子先生の作詞あるいは作曲を加えると三十三曲が、生長の家の「聖歌」として清超先生の時代に誕生し、聖歌全体の数は倍増しました。谷口雅春先生と輝子先生も聖歌の作詞はされましたが作曲はなく、清超先生の荘重《そうちょう》で、独特の宗教的な音楽、恵美子先生の軽やか、また可憐《かれん》な音楽が生長の家に加わったことにより、〝音楽伝道〟の道がより豊かになったと言えるでしょう。

一九八五年（昭和60）六月に谷口雅春先生が昇天《しょうてん》され、谷口清超先生が生長の家総裁の地位を襲任《しゅうにん》されました。谷口清超先生は同年十一月二十二日、生長の家総本山で行われた新総裁襲任《しゅうにん》生長の家秋季記念式典において法燈継承《ほうとうけいしょう》の真義を明らかにされ、ご自分は教えの神髄《しんずい》である「不立文字《ふりゅうもんじ》」を継承するのであって、谷口雅春先生が説かれた一言一句をその通り繰《く》り返して述べることはしない、と明言されました。[32]

清超先生は、新総裁になられてから『新しい開国の時代』（一九八九年刊）、『歓《かん》喜《き》への道』（一九九二年刊）を出版され、太平洋戦争は満州《まんしゅう》の領土や資源などの物質的な価値や権益に執着《しゅうちゃく》する唯物《ゆいぶつ》的な迷妄《めいもう》によって起こり、軍隊は、憲法上は天皇に直属しながらも、実質的には天皇の御《み》心《こころ》をないがしろにする「中心不帰一」の姿勢で独走したことが重大な問題であったと書かれ、その歴史の教訓から学ぶことの大切さを教示されました。また、先生は生長の家の信仰《しんこう》においては「聖戦はない」ことを明確に示されました。[33] さらに先生は、二十一世紀の日本は再び鎖《さ》国《こく》的になって世界から孤立《こりつ》するのではなく、より優れた文化や技術や学問、そして哲学《てつがく》・宗教・芸術を海外から導入し、さらに他の国々《くにぐに》にも日本のよき文化や産物を提供して全世界に貢献《こうけん》することが非常に大切であると示されました。[34]

また、一九八九年（平成1）には、生長の家の文書伝道にとって画期的な変化がありました。それは、これまで生長の家は長らく〝神誌〟と呼ばれていた六種の月刊誌を編集・発行し、その読者を増やすことを重要な伝道手段としてきましたが、それらの〝神誌〟を会員向けと一般《いっぱん》向けの二種に大別し、前者を「機関誌」、後者を「普及《ふきゅう》誌」と呼んで、後者の読者を増やすことで会員の増加を図るという伝道方法が制度化されたことです。これが「両軸《りょうじく》体制」です。会員の真理研鑽《けんさん》と教えの共鳴者の拡大を、車の両輪のように、どちらも重視して運動を進めていこうとする多様化の戦略でした。この両軸体制のスタートが同年四月からでした。[35]

冷戦終結とグローバル化の進展

一九八九年（平成1）にベルリンの壁《かべ》が崩壊《ほうかい》し、東西冷戦は終結しました。その影響《えいきょう》から、一九九一年（平成3）にはソビエト連邦《れんぽう》が崩壊《ほうかい》しました。多くの人々《ひとびと》は、この冷戦終結によって世界に平和がもたらされると期待しましたが、現実はその逆の傾向《けいこう》にありました。世界は「多極化」へと向かい、東西の接点となっていた東欧《とうおう》、中東、東南アジアなどでは、冷戦によってそれまで抑圧《よくあつ》されていた民族意識、宗教的対立が急激に表面化し、民族間の紛争《ふんそう》や宗教的な争いとなって噴出《ふんしゅつ》してきました。宗教が本来の「和合」の役割を果たさず、かえって対立の原因となる不幸な状況《じょうきょう》が現れてきたのです。

世界の多極化は、文化の多様化の動きも強めました。これは、自国文化の独自性を強める動きで、宗教にこれが現れると、自分の宗教と他の宗教との違《ちが》いを強調したり、宗派間の争いを惹《ひ》き起こす原因になります。また、他の宗教や宗派との融合《ゆうごう》を拒否《きょひ》する「原理主義」が勢いを増すことにもなります。

一九九〇年（平成2）には、イラクがクウェートに侵攻《しんこう》し、翌年初め、アメリカを中心とした多国籍《たこくせき》軍がイラクを攻撃《こうげき》する湾岸《わんがん》戦争が勃発《ぼっぱつ》しました。日本も戦後初めて、掃海艇《そうかいてい》を中東に派遣《はけん》するなど海外派兵に先鞭《せんべん》をつけました。この戦争について、谷口清超先生は、日本が戦前に満州《まんしゅう》の資源を獲得《かくとく》するために自ら争いを拡大していった過《あやま》ちと比較《ひかく》されながら、石油という物質的資源の獲得をめざす執着《しゅうちゃく》が戦争を招いた原因であり、「聖戦はない」ことを再び繰《く》り返して説かれました。また、ユダヤ教、キリスト教、イスラームは同じ神を信じる兄弟同士の宗教であり、宗教上で対立する要素は何もないと説かれました。[36] 万教帰一《ばんきょうきいつ》と宗教本来の「和合」の役割を強調されたのです。

この年、谷口雅宣先生が副総裁に就任され、第三代の生長の家総裁の位置が定まりました。

一九九一年のソ連崩壊《ほうかい》には、アフガニスタンにおけるイスラーム義勇軍との戦《せん》闘《とう》が大きく関わっています。ソ連は一九七九年にアフガニスタンに侵攻《しんこう》しましたが、これを非イスラーム国によるイスラーム世界への侵略《しんりゃく》と見たイスラーム教徒たちは、各国から大挙して反ソ連の〝義勇軍〟に加わりました。その中に、二〇〇一年のアメリカ同時多発テロを指導したオサマ・ビンラディンもいました。彼《かれ》らイスラーム義勇軍は、約十年間にわたってソ連軍と果敢《かかん》に戦い、相手を疲弊《ひへい》させてソ連崩壊《ほうかい》への力となったのです。[37]

一方、一九九一年の湾岸《わんがん》戦争は、アメリカを中心とした多国籍《たこくせき》軍が簡単に勝利しました。そして、クウェートを侵略し、さらに併合《へいごう》をも試みたイラクは、アラブ諸国からも猛《もう》反発を受け、一旦《いったん》得たクウェートを手放す結果となったうえ、その後も経済制裁で苦しむことになりました。また、この戦争後に多くのイスラーム教徒にとって驚《おどろ》きと怒《いか》りの対象となったのは、中東の治安維持《いじ》のために、アメリカ軍が長期にわたり、彼らの信仰《しんこう》の〝聖地〟であるメッカとメディナがあるサウジアラビアの地に駐留《ちゅうりゅう》することになった点です。原理主義的なイスラーム教徒の中には、これをイスラームの信仰《しんこう》の中心地に〝十字軍〟が居座ったと見る者も少なくなく、ビンラディンもその中の一人でした。[38]

このように、冷戦後には〝熱戦〟が世界各地で勃発《ぼっぱつ》することに危機感を抱《いだ》いた生長の家は、かつての大戦の苦い経験を含《ふく》め、宗教が戦争の原因となったり、戦争やテロ支援《しえん》の道具になる道を断ち、本来の「和合」の役割をもっと積極的に果たすべきと考え、一九九三年（平成5）に「国際平和信仰運動」を発進させる決定をしました。

国際平和信仰運動は、その目的と精神において谷口雅春先生が始められた「人類光明化運動」と同じですが、その特徴《とくちょう》は、①生長の家の運動の目的が「世界平和」であることを明確にし、②「世界平和」は政治力によるのではなく、唯一《ゆいいつ》絶対の神への「信仰」によってもたらされることを明示し、③「国際」運動として、各国の運動を統一的、組織的に立案・実行していくことでした。[39]一九九四年（平成6）には、国際平和信仰運動の具体的な施策《しさく》の一つとして「生長の家における儀式《ぎしき》の基本的な考え方」が定められました。これは、生長の家が人類普遍《ふへん》の真理を説く「万教帰一《ばんきょうきいつ》」の教えであることを〝形〟の上からも示すために、日本の文化的土壌《どじょう》から生まれた従来の儀式を、祀《まつ》る心や祈《いの》る心などの「心的要素」と、礼拝《らいはい》の具体的方法などの「形式的要素」に分け、前者は普遍的であるが、後者は特殊《とくしゅ》である（普遍的でない）と認める考え方です。これによって、海外の生長の家では、必要に応じて伝播《でんぱ》地の文化的土壌と調和した〝形〟(形式的要素)で儀式を行うことができるようになりました。[40]

この考え方は、宗教運動の「地理的」な広がりに注目して「万教帰一」の考え方を説明し直したものですが、宗教の教えの説き方を「時間的」な流れの中で注目すると、教えには変化しない「中心部分」と変化する「周縁《しゅうえん》部分」ができるという分析《ぶんせき》と重なります。それは当時の副総裁、谷口雅宣先生がアメリカ同時多発テロ直前の生長の家代表者会議で話された言葉の中で、最初に示されました。雅宣先生は、「変化の時代には、まず一貫《いっかん》して変わらない真理の〝中心部分〟を、つまり基本的な教義を、人々《ひとびと》にしっかりと伝えることが最も重要である。時代の流れに応じて説かれる教義の〝周縁《しゅうえん》部分〟は、変化していくのです[41]」と説かれました。これが現在「宗教目玉焼き論[42]」と呼ばれている考えの原型で、「儀式《ぎしき》の基本的な考え方」と併《あわ》せて、万教帰一《ばんきょうきいつ》の教義を学問的に検証可能な形に表現し直し、かつ運動の方法論へと結びつけたものと言えます。

これら二つの考え方が示されたことにより、生長の家には、信仰《しんこう》の力が戦争やテロの原因や道具とならないための〝歯止め〟が備わりました。言い換《か》えれば、これら二つによって、生長の家が原理主義の宗教でないことが明確にされたのです。

一九九〇年代の世界は、冷戦の終結と交通機関や情報通信技術の発達が重なって、急速なグローバル化が進んでいきました。資本主義・自由主義陣営《じんえい》が勝利したことで、世界各国は自国の目標として経済発展を定め、強力な科学技術と大量の化石燃料を使用して自然破壊《はかい》を伴《ともな》う大規模開発を推進し、大量生産・大量消費・大量廃棄《はいき》のライフスタイルが世界に広がっていきました。これによって当初は土壌《どじょう》や水質、大気汚染《おせん》など一国の範囲《はんい》に留まっていた「公害」や「自然破壊」が国を越《こ》えて拡大し、地球規模での環境《かんきょう》問題が顕在《けんざい》化することになりました。とりわけ大量の化石燃料の使用による二酸化炭素などの温室効果ガスの大気中への排出《はいしゅつ》は、地球温暖化を引き起こしつつ、地球全体の生態系や人類の生存にも甚大《じんだい》な悪影響《えいきょう》が及《およ》ぶことが、大勢の科学者たちから指摘《してき》されるようになりました。

一方、中国やインドなどの新興国は経済のグローバル化によって経済発展を遂《と》げましたが、紛争《ふんそう》や気候変動の影響で食糧《しょくりょう》生産もままならず、飢餓《きが》や貧困による絶望的な生活から抜《ぬ》け出せない国や地域も多く出てきました。そのような国の中には、ソ連崩壊《ほうかい》後に〝唯一《ゆいいつ》の超《ちょう》大国〟となって世界で強大な力を振《ふ》るうアメリカと、同国やヨーロッパを基盤《きばん》とする巨大《きょだい》な多国籍《たこくせき》企業《きぎょう》の影響力に対して、不満が鬱積《うっせき》していくことになりました。

こうした中、二〇〇一年（平成13）九月十一日にイスラーム過激派によるアメリカ同時多発テロ事件が起こりました。領土を持たず、特定の国にも属さない過激派組織が、同時多発的に民間航空機をハイジャックして建物に衝突《しょうとつ》させるというテロ事件は、アメリカ国民を恐怖《きょうふ》に陥《おとしい》れました。これに対し、アメリカは〝対テロ戦争〟を宣言し、テロリストを支援《しえん》する国を名指しして報復する方針を打ち出し、二〇〇一年（平成13）にはアフガニスタンを、二〇〇三年にはイラクを攻《こう》撃《げき》しました。その結果、イラクのサダム・フセイン政権は崩壊《ほうかい》しました。フセイン大統領は、イスラームの二大宗派の一方であるスンニ派に属しながら、国内の多数派であるシーア派の勢力を独裁的な強権によって抑《おさ》えてきました。また、イラク国内や隣国《りんごく》トルコには、民族意識の高いクルド人が多数居住していて、自治国家の樹立を願っていました。このため、イラク戦争の後、フセイン政権という〝重石《おもし》〟がなくなったことで、中東情勢は一気に流動化していくのです。

アメリカ同時多発テロに関連して総裁・谷口清超先生は、「聖書」と呼ばれるような宗教教典に書かれている一字一句を、その言葉通りやらなければいけないと解釈《かいしゃく》するのが「原理主義」であり、そのような考え方からこのテロ事件が起こったと指摘《してき》されました。そして、「原理主義」ではなく「完全円満な大調和の世界しか創っておられないところの神様」を信ずる正しい宗教を全世界に広める必要があることを強調されました。[43]

深刻化する地球環境《かんきょう》問題

冷戦後の世界は、多極化にともない、このように宗教や民族の違《ちが》いによる厳しい対立が表面化しただけでなく、世界人口の増大や、前述したような経済活動の急激な拡大により、特に二〇〇〇年以降、地球環境問題が深刻な影《かげ》を落とすようになりました。

宗教が公害問題や地球環境《かんきょう》問題を深刻に受け止め、その緩和《かんわ》や解決に取り組もうとする動きは、当時の日本では珍《めずら》しいものでしたが、海外では自然尊重と環境保護を重視する宗教的思想や運動は、十九世紀後半から始まっていました。生長の家の教えと関係が深いアメリカのニューソート系の思想家では、エマーソン[44]が著した『自然』（一八三六年）が有名で、彼《かれ》を慕《した》う超絶《ちょうぜつ》主義者のソロー[45]が『森の生活』を出版したのは一八五四年でした。アメリカで自然保護のために国立公園制度ができたのは一八七二年であり、日本がそれを真似て同じ制度を導入、最初の国立公園として瀬《せ》戸《と》内海《ないかい》、雲仙《うんぜん》、霧島《きりしま》国立公園を制定したのは一九三四年です。その翌年、学問の世界で、初めて「生態系（ecosystem）」という言葉が生まれました。公害問題を本格的に取り上げて世界的な影響《えいきょう》を与《あた》えたレイチェル・カーソン[46]の『沈黙《ちんもく》の春』の出版は、一九六二年であり、環境問題の元凶《げんきょう》は人間の心にあるとして、キリスト教の中に自然破壊《はかい》を正当化する教えがあると批判したリン・ホワイト論文[47]が発表されたのは、一九六七年です。地球環境《かんきょう》問題を世界的に意識するための「アースデイ」の発足は一九七〇年であり、世界規模の環境保護団体「グリーンピース」の発足は、その翌年でした。ローマカトリック教会がこの問題に触《ふ》れた教皇のメッセージ『創造主である神とともに生きる平和、創造されたすべてのものとともに生きる平和』を出したのは一九九〇年で、世界的に地球環境問題の解決に取り組むために、一九九二年にブラジルのリオデジャネイロで初めて「地球サミット」が開催《かいさい》されました。

これらの世界的な動きに呼応して、総裁・谷口清超先生と副総裁・谷口雅宣先生は、一九九〇年頃《ころ》から地球環境問題が深刻化することについて懸念《けねん》を示され、自然を大切にする生き方が必要であることを説かれました。[48]二〇〇〇年（平成12）、生長の家は地球環境問題を人類喫緊《きっきん》の課題であると捉《とら》え、教団の運動として、その解決に取り組むことを決定しました。同年十月には「生長の家環境方針」を決定し、二〇〇一年（平成13）に宗教団体として世界で初めてISO14001（環境《かんきょう》経営システムの国際規格）の認証を取得しました。その後、日本国内の教化部や本部直轄《ちょっかつ》練成道場、海外の伝道本部も同認証を取得し、二〇〇一年に生長の家総本山に大規模の太陽光発電を設置したことを皮切りに、国内外の生長の家の多くの拠《きょ》点《てん》に太陽光発電の設置が進みました。

しかし、世界や日本での地球温暖化対策は遅々《ちち》として進まず、温室効果ガスの排出《はいしゅつ》量は年々《ねんねん》増加し、このままでは将来の地球温暖化の影響《えいきょう》は甚大《じんだい》なものになることが予測されたため、生長の家は二〇〇三年（平成15）から、東京・原宿にあった国際本部の移転について検討を始めました。これは、エネルギーを大量に消費する大都市の便利さに生長の家が依存《いぞん》することをやめ、国際本部を〝森の中〟に移転することで、「現代人が現代の生活を営みながら自然環境と調和した生活を送る」ためのモデル社会の構築をめざすものでした。

二〇〇四年（平成16）に副総裁・谷口雅宣先生は、平和・環境《かんきょう》・資源の問題は相互《そうご》に密接につながっているため、環境破壊《はかい》や資源の浪費《ろうひ》が平和を脅《おびや》かすことになると指摘《してき》されました。そして、これらの問題解決のためには、神の御心《みこころ》を知って「人から奪《うば》わない、環境を破壊しない、生物を絶滅《ぜつめつ》させない生き方」を広げていく必要があると示されました。[49]二〇〇七年（平成19）には、生長の家は、運動に伴《ともな》う二酸化炭素排出《はいしゅつ》量を実質的にゼロとする〝炭素ゼロ〟の運動を開始しました。そして、私たちは長期計画に基づいて、日本国内の主要施設《しせつ》の二酸化炭素排出量を極力抑制《よくせい》し、自然エネルギーの導入や植林などによって排出量を相殺することにより、二〇一二年（平成24）には日本国内の主要施設の二酸化炭素排出量を実質的にゼロにする目標を達成しました。

二〇〇八年（平成20）、谷口清超先生が昇天《しょうてん》され、谷口雅宣先生が生長の家総裁を継《つ》がれました。清超先生の追善供養祭の際、新総裁・谷口雅宣先生は、清超先生の音楽を愛する心に触《ふ》れられて、「生長の家」とは、「そこにすべてがあるところの〝霊的《れいてき》大宇宙〟」のことだから、「〝生長の家的〟な音楽というものはない」という清超先生のお考えを紹介《しょうかい》され、その〝霊的大宇宙〟（実相世界）のすべての存在を現すためには、「自由」がないとできないことを強調されました。そして、「宗教とは人間をある一定の型にはめて、他のことは排除《はいじょ》するという形で、その〝枠《わく》〟の中に信仰《しんこう》を限定するものだという考えが一部にはあるようですが、少なくとも生長の家はそれとは全く違《ちが》う」との清超先生のお言葉を引用されて、人間のもつ自由が生み出す多様性が調和した形で現れてくることを目標とする「宗教的な自由主義」を推進していくお考えを示唆《しさ》されました。[50]

雅宣先生は、総裁代行時代の二〇〇五年ぐらいから、ご自身のブログ上に祈《いの》りの言葉を発表されていましたが、そのうちの四十九の祈りの言葉を集めた単行本『日々《ひび》の祈り』を二〇〇七年に出版されました。同書の副題は「神・自然・人間の大調和を祈《いの》る」です。雅宣先生は二〇〇七年二月十六日のブログで、神・自然・人間の三者が本来大調和しているにもかかわらず、現在の世界では互《たが》いに傷つけ合っているように見えるのは人間の〝迷い〟が原因であると書かれ、同書を出された動機として「読者が本書中の祈りの言葉を日々《ひび》朗読することにより、それらの迷いが〝コトバの力〟によって取り除かれ、本来大調和の神・自然・人間のすがたが多くの人々《ひとびと》に自覚されることで、現象界の諸問題が解決される一助となる」と示されています。[51] 同書で使われた「神・自然・人間」という三者の表現法は、やがて生長の家の運動方針などに広く取り入れられていきます。

国際本部の〝森の中〟への移転

そんな中、二〇一一年（平成23）三月十一日に、東日本大震災《しんさい》とそれに伴《ともな》う福島第一原発の重大事故が発生しました。谷口雅宣先生は、この六日後の三月十七日に「自然と人間の大調和を観ずる祈《いの》り」を発表され、自然と人間が大調和しているのが実相である、と示されました。また、『大自然讃歌《だいしぜんさんか》』『観世音菩薩讃歌《かんぜおんぼさつさんか》』を相次いで発表され、両讃歌の読誦《どくじゅ》により信徒は「自然界は神の顕現《けんげん》であり、〝神の子〟である人間と自然は本来一体である」との自覚を日常生活の中で深めることができるようになりました。さらに先生は、同年八月のロンドンでの一般《いっぱん》講演会で、生命全体を傷つける放射能を生み出す原子力発電の根本的な問題を指摘《してき》された上で、生長の家は「脱《だつ》原発」をめざすことを宣言されました。[52]

二〇一三年（平成25）、山梨県北杜《ほくと》市に〝森の中のオフィス〟が完成し、生長の家国際本部は東京・原宿から移転されました。〝森の中のオフィス〟は、地元のＦＳＣ認証木材を使った大規模木造建築として造られ、また太陽光発電と木質バイオマス発電によって建物で使う電力と電動車両（バス、乗用車）の電力を賄《まかな》うことで、実質的に二酸化炭素を排出《はいしゅつ》しないという、日本初のゼロ・エネルギー・ビル（ZEB）となりました。また、同オフィスの「万教《ばんきょう》包容の広場」には、新たに七重塔《しちじゅうのとう》が建立されました。七重塔は、生長の家が説く「実相」を仏教的に表現したものです。また、七つの社《やしろ》が一つの中心にまとまったデザインは、「多様性を神意の中心にまとめる」という中心帰一・万物調和の理念を象徴《しょうちょう》するものです。さらに七重塔は七つの分野——万教帰一《ばんきょうきいつ》、国際平和、多様な民族の調和、多様な文化の調和、世代間の調和、生物間の調和、運動の拠点《きょてん》や組織間の調和と発展を意味していることから、生長の家が説く「実相」が地上に現れていく具体的な姿、即《すなわ》ち私たちの運動目標がより明確に示されたことになります。また、国際本部の移転後、東京の原宿と赤坂の跡地《あとち》には、地域の植生にあった樹木や草花を植栽《しょくさい》して〝いのちの樹林〟がつくられ、その敷地《しきち》にも七重塔が建立されました。[53]

生長の家の国際本部が、このように大都市を離《はな》れ、万物調和への道を力強く、具体的に歩み始めた一方で、しかし世界は予断を許さない方向へ進んでいきました。世界人口は、二〇一一年には七〇億人を突破《とっぱ》し、都市への人口集中はさらに進み、世界の半数以上の人々《ひとびと》が都市に居住する状況《じょうきょう》となって、自然と人間が分断される傾向《けいこう》がますます強まっていきました。これに伴《ともな》い、世界の二酸化炭素排出《はいしゅつ》量も年々《ねんねん》増大を続け、気候変動による生態系の劣化《れっか》と食糧《しょくりょう》生産の減少、有限な資源をめぐる各国の争奪《そうだつ》が激化しました。またヨーロッパ諸国などでは、武力紛争《ふんそう》や経済危機などから逃《のが》れるため、他国に庇護《ひご》を求める難民が大量に生まれ、その受け入れをめぐって、自国第一主義や極端《きょくたん》なナショナリズムが台頭して社会の分断が起こり、世界平和が脅《おびや》かされる傾向が強まってきました。

このような状況を憂《うれ》えた総裁・谷口雅宣先生は、信徒が都会人であろうと田舎に住む人であろうと、自然の偉大《いだい》さ、大切さを忘れず、神と自然と人との一体感を深める必要性を強く感じられ、日常の祈《いの》りや儀式《ぎしき》の中で「神・自然・人間」の一体感を深める方法を提案されました。それは、自然界の最大の特徴《とくちょう》である「ムスビ」の働きに注目することです。[54] これは、宗教本来の「和合」の働きを想起すること、さらには自然と人間との深いつながりを意識することでもあります。この目的で、雅宣先生は二〇一四年（平成26）十一月二十一日に、生長の家総本山の龍宮住吉本宮《りゅうぐうすみよしほんぐう》の御《ご》祭神として、住吉《すみよし》大神に加えて天之御中主大神《あめのみなかぬしのおおかみ》・高御産巣日神《たかみむすびのかみ》・神産巣日神《かみむすびのかみ》の〝造化の三神〟を勧請《かんじょう》されました。[55] また、日本においては、「ムスビ」の働きを意識するために、教化部や家庭で〝造化の三神〟をお祀《まつ》りすることを勧《すす》められました。さらに、生長の家の新たな行事として「神・自然・人間の大調和祈念《きねん》祭」と「万教《ばんきょう》包容の御祭《みまつり》」が設けられました。これらにより、生長の家の祭祀《さいし》の重点は「鎮護《ちんご》国家」から、自然との調和による「世界平和」の祈念へと明確に移りました。[56] 生長の家の幹部・信徒が、世界平和の大前提となる自然と人間との共存・共栄を強く意識するための準備が整ったと言うことができます。

祭祀や儀式《ぎしき》によって心が整った次には、その心を実生活に表現し、生活を変革しなければなりません。それを、清超先生から受け継《つ》がれた「宗教的な自由主義」にもとづき、自由な形で、多様に、同じ信仰《しんこう》をもつ仲間とともに楽しく実践《じっせん》する場として二〇一五年（平成27）に作られたのが、生長の家のプロジェクト型組織（ＰＢＳ）です。現在は「ＳＮＩオーガニック菜園部」「ＳＮＩ自転車部」「ＳＮＩクラフト倶楽部」の三つがあり、それぞれ「ノーミート、低炭素の食生活」「省資源、低炭素の生活法」「自然重視、低炭素の表現活動」の推進母体として、白鳩会、相愛会、青年会などの従来の組織に縛《しば》られない自由な活動を展開しています。

生長の家がこのように実生活の変革にとりかかる中で、しかし日本社会は依然《いぜん》として地球温暖化問題に真剣《しんけん》に向き合わず、従来型の経済最優先の政策が長期にわたって続いています。とりわけ、二〇一二年（平成24）以降、安倍晋三氏が率いる自公連立政権は、原発再稼働《かどう》、経済最優先の政策を推進する一方で、新型火力発電の支援《しえん》や輸出などで地球温暖化対策を停滞《ていたい》させているばかりでなく、二〇一五年（平成27）には立憲主義を軽視する強引な政権運営によって、十一の安全保障関連法案を一気に可決しました。これは近い将来の軍備拡大と海外派兵をにらんだもので、その方法は、民主政治を否定するものです。生長の家は、これらの安倍政権の危険で間違《まちが》った政権運営を看過できないと考え、二〇一六年（平成28）の参院選で「与党《よとう》とその候補者を支持しない」ことを表明しました。それと同時に、生長の家は立憲主義と民主主義を組み合わせた立憲民主主義を支持することを明示して、二〇一七年（平成29）の衆院選、二〇一九年（令和1）の参院選でも同様の立場を表明しました。[57]

二〇一八年（平成30）から二〇一九年（令和1）にかけて、日本では巨大《きょだい》台風や猛烈《もうれつ》な集中豪雨《ごうう》による大規模な自然災害が相次ぎ、各地で甚大《じんだい》な被害《ひがい》が発生しました。海外でも大規模な水害や長期にわたる山火事、異常な熱波や干ばつによって、かつてない多くの人々《ひとびと》の生活が脅《おびや》かされるようになりました。このため、英国やカナダ、フランスなどの国や地方自治体などが「気候非常事態宣言」を採択《さいたく》する動きが広がり、ＥＵの欧州《おうしゅう》議会も同じ宣言を採択しました。

私たち生長の家は、今こそ神意を正しく受け、神の子の英知と独創性を結集し、自然と人間が共に栄える〝新しい文明〟の構築に向かって力強く進んでいかねばなりません。それこそが、創始者・谷口雅春先生が九十年前、人類光明化運動発進宣言の中に込《こ》められた精神の継承《けいしょう》者となることです――「自分はいま生長の火をかざして人類の前に起つ。起たざるを得なくなったのである。友よ助けよ。同志よ吾《わ》れに投ぜよ」。

二〇二〇年三月吉日

〈注〉

1 谷口雅春著『生命の實相』頭注版第二十巻、一五八頁。

2 生長の家編『生長の家五十年史』五六九～五七五頁。

3 島田裕巳著『八紘一宇―日本全体を突き動かした宗教思想の正体』三〇～三三頁。中島岳志・島薗進著『愛国と信仰の構造―全体主義はよみがえるのか』四六～五一頁。中島岳志著『親鸞と日本主義』一八～二一頁。

4 谷口雅春著『生命の實相』黒布表紙版第十六巻神道篇／經濟生活篇、二五二頁。

5 前掲書、一七八頁。

6 前掲書、二五〇頁。

7 前掲書、二四九～二五三頁。

8 生長の家編『生長の家四十年史』一九〇頁。『生長の家五十年史』五六九頁。

9 『生長の家四十年史』一八四頁。

10 前掲書、一九〇頁。『生長の家五十年史』五六九頁。

11 『生長の家四十年史』一九四頁。

12 前掲書、一八五頁。

13 谷口雅春「明窓浄机」『生長の家』一九五九年三月号、八九～九〇頁。谷口雅宣監修『歴史から何を学ぶか』二三頁、二六頁。

14 『生長の家四十年史』二〇五頁。

15 前掲書、二〇五～二〇六頁。

16 谷口雅春「生長の家社会事業団の設立」『生長の家』一九四五年十一月号、二～三頁。前掲

誌、一九四五年十二月号の編集後記にも同じ主旨の文章がある。

17 「終戦後の神示発見さる」『聖使命』一九八一年十一月一日号。『生長の家五十年史』三五五～三六二頁。

18 前掲書、三八一～三八二頁。

19 前掲書、三六五頁、三八一頁。

20 「日本暴力革命を阻止せん　第一次三カ年全市町村に拠点」『聖使命』一九五五年三月一日号。

21 谷口雅春「明治憲法の復原運動に協力せよ」『生長の家』一九五六年十月号、二～三頁。

22 『生長の家四十年史』四九三頁。

23 前掲書、四九二～四九四頁。

24 『生長の家五十年史』四九〇頁。

25 「元号法制化大きく前進」『聖使命』一九七八年七月十五日号。

26 『生長の家五十年史』五四五頁。

27 「総裁先生御結語」『聖使命』一九七八年三月十五日号。

28 谷口雅春「勝利に傲らず聖胎を長養すべし」前掲紙、一九六八年九月一日号。雅春先生は、「併し私はこの頃、沈思し静慮して深く思いをめぐらさなければならないことは、生長の家が、純粋宗教的立場から幾分方向転換して政治的方面に運動を進めて来たために、宗教の純粋さや、清潔さが少しでも失われて来ていないかと言うことである。」と示されている。

29 「今後は教勢拡大に全力を」前掲紙、一九八三年八月十五日号。

30 谷口清超「『三者協力』と会のあり方」前掲紙、一九五九年六月十一日号。谷口清超「三者協力の理念」前掲紙、一九六一年十一月十一日号。

31 生長の家監修『真・善・美を生きて』六九～七〇頁。

32 谷口清超「法燈継承の真義とは」『聖使命』一九八五年十二月一日号。
33 谷口清超著『歓喜への道』八〇〜八七頁。
34 前掲書、五三頁。
35 生長の家編『生長の家は伸びる——両軸体制ハンドブック』。
36 谷口清超著『歓喜への道』二八〜三四頁、一二六〜一三〇頁、一九六〜一九八頁。
37 保坂修司著『正体—オサマ・ビンラディンの半生と聖戦』四三〜四八頁。
38 前掲書、九二〜一〇〇頁。
39 谷口雅宣監修『歴史から何を学ぶか』二五八〜二六〇頁。
40 前掲書、二六七〜二六九頁。
41 谷口雅宣著『信仰による平和の道』一一二頁。
42 谷口雅宣著『戦後の運動の変化について』四五〜五六頁。
43 谷口清超「正しい宗教を世界に広めよう」『生長の家白鳩会』二〇〇二年五月号、一八〜二四頁。
44 ラルフ・ウォルドー・エマーソン（Ralph Waldo Emerson, 1803—1882）。アメリカの詩人・思想家。父親を継いで牧師となったが懐疑を生じて辞任し、思索の生活を送った。超経験的な直観による世界把握、自然と精神の調和、小共同体による社会改革などを目指した超絶主義の代表者。
45 ヘンリー・デイヴィット・ソロー（Henry David Thoreau, 1817—1862）。アメリカのエッセイスト・思想家。超絶主義の思想を具体的に実践するため、ウォールデン湖畔に小屋を建てて自給自足の生活をし、その実験記録として『森の生活』を発表した。
46 レイチェル・ルイス・カーソン（Rachel Louise Carson, 1907—1964）。アメリカの海洋生物学者・作家。『沈黙の春』を著し、農薬を含む化学薬品による公害問題を最も早く指摘した。

47　リン・ホワイト論文とは、アメリカの歴史学者リン・ホワイト・ジュニアが一九六七年に発表した「現在の生態学的危機の歴史的根源」。人間による自然の搾取を神の意志であるとするユダヤ・キリスト教的世界観を批判した。

48　谷口清超「何が物を生かすか（下）」『生長の家相愛会』一九八九年六月号、五四～六二頁。谷口雅宣「地球の〝環〟を考えよう」『生長の家相愛会』一九九一年三月号、二六～三一頁。

49　谷口雅宣著『足元から平和を』四八～一〇〇頁。

50　『真・善・美を生きて』一〇～一三頁。

51　谷口雅宣著『小閑雑感 Part9』二八〇～二八三頁。この一部は谷口雅宣著『次世代への決断』三～六頁に収録。

52　「総裁先生が原子力利用の停止を訴えられる」『聖使命』二〇一一年九月一日号。『次世代への決断』二〇九～二四〇頁。

53　谷口雅宣「七重塔は実相の表現」『生長の家』二〇一五年九月号、四～一五頁。

54　谷口雅宣著『宗教はなぜ都会を離れるか？』二八九～三〇五頁。

55　谷口雅宣「『結び合う』生き方を進めよう」『生長の家』二〇一五年一月号、四～七頁。

56　谷口雅宣著『戦後の運動の変化について』三一～四四頁。

57　二〇一六年六月九日付　今夏の参議院選挙に対する生長の家の方針「与党とその候補者を支持しない」https://www.jp.seicho-no-ie.org/news/20160609/

二〇一七年十月四日付　第四十八回衆議院選挙に対する生長の家の方針「再び、与党とその候補者を支持しない」https://www.jp.seicho-no-ie.org/news/20171004/

二〇一九年七月三日付　第二十五回参議院選挙に対する生長の家の方針「三たび、与党とその候補者を支持しない」https://www.jp.seicho-no-ie.org/news/20190703/

生長の家の信条（要約）

一、吾《われ》らは、名称《めいしょう》は各民族各宗派にて異《ことな》れども、神（又《また》は仏）が吾らの救いの本尊であることを信ずる。

二、吾らは神が一切存在の根源であり給《たま》い、無限の愛と智慧《ちえ》とをもって吾らを守り導きたまうものであることを信ずる。

三、吾らはすべての宗教が時と場所と救いの対象たる人とを異《こと》にするに随《したが》い、異る説き方をもってあらわれたる同一根元神の教《おしえ》なることを信ずる。

四、吾らは神（又は仏）が決して神罰《しんばつ》を与《あた》えたまうような残酷《ざんこく》にて無情なる存在ではなく、一切の苦しみと悩《なや》みとは、自己の心の反映として象徴的《しょうちょうてき》にあらわれるか、又は自己処罰《しょばつ》及《およ》び自己毀損《きそん》の現象としてあらわれるものであるから、その象徴《しょうちょう》を見て自己を顧《かえり》み心を転ずることによって凡《あら》ゆる病悩苦《びょうのうく》を脱《だっ》し得るものなる事を信ずる。

五、吾《われ》らは実相と現象とを明瞭《めいりょう》に区別し、実相は常に円満完全なるも、現象は吾らの〝迷い心〟の所現として、時に実相の円満完全さを覆《おお》い隠《かく》して不完全に顕《あら》わしめることあることを知り、常に〝迷い心〟を去り、実相円満の風光を見詰《みつ》めて、それを現実化せんことを期する。

六、吾らは、実相円満の風光を心より放たざらんことを期し、毎日一回以上神想《しんそう》観《かん》を修することを誓《ちか》う。

七、吾らは一切の存在、一切の生物、一切の人類に感謝するは勿論《もちろん》、特に享《う》け難《がた》き人身《じんしん》を享けて地上に生を受けるに至りたる祖先並《ならび》に父母の恩恵《おんけい》に常に感謝する。

八、吾らは人間が〝神の子〟として神の最高実現なることを信じ、その信念に背かざる高邁《こうまい》にして潔《きよ》き聖なる生活を送らんことを期する。

九、吾《われ》らは人間は限りなき生命を有し、肉体死後もその生命（霊魂《れいこん》）の存続することを信じ、常に祖先の霊魂の供養を怠《おこた》らざらんことを誓《ちか》う。

十、吾らは言葉の創化力を駆使《くし》して、人類の心を潔め、地上に全ての人類の相愛協力を実現せる地上天国建設の一大人類光明化運動を起しつつあるものである。

〈注〉

出典は、谷口雅春・谷口清超著『新版　菩薩は何を為すべきか』一三九〜一四一頁から。この十カ条の文章の初出は、『生長の家』誌一九五八年一月号の巻頭言。谷口雅春先生は、これを「生長の家の信仰の主要なるものを箇条書に要約して書かれたもの」として、また「簡単な文章のうちに、生長の家の信仰の全貌がつかみ易い」として評価され、その後、『聖光録』や『菩薩は何を為すべきか』などに収録された。

『生長の家』信徒行持要目

一、天地一切のものに感謝すべし。

天皇の恩、国の恩に感謝しなさい。あなたの父母に感謝しなさい。あなたの夫または妻に感謝しなさい。あなたの子に感謝しなさい。あなたを支え、手伝ってくれる多くの人々《ひとびと》に感謝しなさい。天地のすべてのものに感謝しなさい。

二、そのままの心を大切にすべし。

そのままとは零《れい》であり、一切であり、○《まる》であり、円満であり、自由自在であり、無限供給であり、調和であり、無病である。一切の不幸や災厄や病気の災難は、そのままを実行しなかったときに現れる。それを反省して元のそのままの心に帰るとき、一切の不幸は消滅する。

三、何事にも真心《まごころ》を出《いだ》すべし。

心痛は外から来るのではない。真心が現れずに心痛となる。内に真心がないのではなく、それを現さないだけである。真心とはまるまるすべての心であり、一所懸命《けんめい》に尽《つ》くすことだ。「今」を生かすことだ。真心を現すとき、ここが直ちに天国浄土《じょうど》と化す。

四、一切の人に物に事に行《ゆ》き届《とど》くべし。

真心が現れれば、すべての人に、物に、事に自然に行き届くのである。人には必ず深切にすべし。にこやかになり、やさしい声で愛の言葉を語るべし。どんな小事にも行き届くことを心がけよ。もし行き届かないことがあったら、弁解するな。真心を現す努力をしなかった自分の責任だと考え、悔《く》い改めよう。

五、常に人と事と物との光明面を見て、暗黒面を見るべからず。

暗黒面を見る心がある時、その人に暗黒が現れるのである。光明面を見る心がある時、その人に光明が現れるのである。人の悪口は、その人の前でなくても言うな。善い面を見つけて賞讃《しょうさん》しなさい。すべての事と物とに不平を言わず、感謝しなさい。

六、常に自我を死に切るべし。

いつも肉体は本来なく、物質は本来なく、自我も本来なく、ただ神の生命が今ここに現れて生きていると思って働きなさい。

七、人生を神生《しんせい》となし、常に必勝を信じて邁進《まいしん》すべし。

あなたが自我を超《こ》えれば、神の生命のみが生きているのだから、失敗など予想せず、明るい心で日々《ひび》の業務に猛然《もうぜん》と取り組みなさい。一見、失敗のように見えることも失敗ではない。落葉樹は、葉を落としている間に春の準備が整うのである。

八、毎日一回は必ず神想観《しんそうかん》を実修して、心を光明化すべし。

無神論者も信仰《しんこう》者も、毎日必ず祈《いの》っている。なぜなら「祈り」とは「命の宣《の》りごと」だからだ。心の底で、いつも何かを思うこと。その「何か」の通りに人生は進む。悪を思えば暗くなり、善を思えば明るくなる。そして人は、神を想うことで、神の子らしく生きるのである。

〈注〉

出典は、谷口雅春・谷口清超著『新版　菩薩は何を為すべきか』一四九〜一五一頁から。解説は分かりやすく書き直した。

「人類光明化運動指針」第九条

この指針は、一九五八年（昭和33）三月一日号の『聖使命』紙に、谷口雅春先生の直筆署名入りで発表されたもので、全部で十三カ条ありました。その後、『菩薩《ぼさつ》は何を為《な》すべきか』などの生長の家会員向けの本に収録されて、六十年以上の長きにわたって運動の精神的指針として使われてきましたが、その間に、内外の社会・政治情勢は大きく変わり、それに伴《ともな》い生長の家の組織構造や運動の形態なども変化してきたため、実際の運動がこの指針に文字通り適合する部分は次第に減っていきました。しかし、それらの時代の変化にもかかわらず、一貫《いっかん》して重要性が変わらないのが、ここに掲《かか》げた「第九条」の規定です。

その意義や重要性について、谷口雅春先生ご自身が書かれたものをここに転載《てんさい》しました。文中に（中略）とあるのは、当該のご文章を文字通りに受け取ると、今日の運動には適合しないか、誤解の原因になると判断した部分を省略したことを示しています。

『菩薩《ぼさつ》は何を為《な》すべきか』「はしがき」より

人類光明化運動は、〝人類の危機〟を自分の心のうちに摂《と》り入れた人々《ひとびと》の菩薩行《ぎょう》である。無論仏教的に言えば、現象界は空《くう》の空なるものである。達観すれば人類光明化運動などと云《い》って力む必要はないものである。だから愛着《あいじゃく》せずして愛し光明化せんことを希《こいねが》うのである。現象界の空《むな》しくして遷《うつ》りかわる無常のものであると云うことを知りながら、人類光明化に尽《つ》さずにはいられないのが菩薩である。こんな世の中に生きていても空しいことだから生きていても仕方がない。寧《むし》ろ遠離《おんり》した方がましだと知りながら、身心《しんじん》がおのずから滅びるときがくるまで人を利益《りやく》することを励むのである。これを「空《くう》を行ずと雖《いえど》も、しかも衆《もろもろ》の徳本を植うるは菩薩の行なり。無相を行ずと雖も、しかも衆生《しゅじょう》を度《ど》するは、是《こ》れ菩薩の行なり」と謂《い》うのである。生長の家は万教帰一《ばんきょうきいつ》の教えである。教壇に立っても、宗教家としての特別の法衣《ほうえ》をまとわず厳《いか》めしい儀式《ぎしき》を行わない点から謂えば、在家《ざいけ》の宗教である。その点で維摩《ゆいま》の説く菩薩《ぼさつ》の生活が生長の家の信徒又《また》は誌友《しゆう》の生活である。在家《ざいけ》の宗教は、生活そのものが宗教となるところに特色があるのである。即《すなわ》ち人は菩薩となり、生活は菩薩行《ぎょう》となるのが本道《ほんみち》である。菩薩行とは自己がみずから完全に救われないでも、自己のことは顧《かえり》みず、率先して他を救おうとする即ち人類光明化運動にまで発展すべきである。〝人類光明化運動指針〟と云《い》うのは『生命の實相《じっそう》』はじめ其《そ》の他の私の著書の中より、菩薩を志すものが、現代の日本に生れ来て如何《いか》に考え、如何に処すべきかにつき、其の菩薩行の精髄《せいずい》を抜粋して、それを数人の編纂《へんさん》者が文意を凝縮し章句を練って簡単なる十三カ条にまとめたものである。

人類光明化運動指針

第九条

生長の家の各員は、如何《いか》に運動の分野が多岐にわたり組織が複雑化すると雖《いえど》も、光明化運動の中心が何であるかを常に見失うことなく明らかに自覚して行動すべきである。

生長の家大神《せいちょういえのおおかみ》——総裁・副総裁——御教《みおしえ》。この三つを結び貫《つらぬ》く神意の展開が、光明化運動の不動の中心である事を、生長の家人《じん》たるものは一瞬《いっしゅん》たりとも忘れてはならない。如何にその人が有力者であろうと長年光明化運動に献身して来ようと、素晴らしき体験をもつ指導者であろうと、断じてその人を中心にしてはならない。若《も》しも人を中心とすれば、その人が理解し把握《はあく》している以上の運動の展開は不可能となり、歪《ゆが》んでいれば運動も歪むほかなく、その人とそりの合わぬ者、反対意見の者は身を引くか、対立して禍根《かこん》を残すであろうし、若し或《あ》る人が情熱的な信仰《しんこう》を持つ場合、その人が真に中心を明らかに自覚している場合はよいが、唯《ただ》熱心であるだけならば、何時《いつ》かその人に頼《たよ》り過ぎ、その人が転任或《あるい》は他界した場合は、忽《たちま》ち火の消えた様に衰微《すいび》してしまった如《ごと》き事例は往々《おうおう》にしてある。すべて皆《みな》中心を誤っていることに気がつかなかった為《ため》である。光明化運動に於《お》いては人は中心ではない。神意が中心である。その神意現成《げんじょう》の組織に於ける自己の部署と役割とを誤りなく遂行《すいこう》して、始めて人はその使命を果たし得るのである事をよくよく銘記《めいき》して行動すべきである。

〈解説〉

さて、此《こ》の条では、生長の家の各員、即《すなわ》ち生長の家の人類光明化運動に参加している全ての菩薩《ぼさつ》たちは、これは幹部でなくとも、単なる誌友《しゆう》であっても、今日入信した人でも、一ヶ月前に入信した人でも、皆含《みなふく》まれているわけでありますが、その運動が色々広般《いろいろこうはん》に亘《わた》って、その分野も複雑に岐《わか》れておりましても、光明化運動の中心体と云《い》うものが何であるかを見失ってはならない、即ち——功徳の由《よ》って来《きた》る本体が何処《どこ》にあるかと云うことを忘れてはならないと云うことが書かれているのであります。この生長の家の人類光明化運動というのは、谷口雅春個人が始めたのではないと云《い》うことであります。此《こ》の文章にありますように、「生長《せいちょう》の家大《いえのおお》神《かみ》――」と棒が引いてあって、「総裁・副総裁――御教《みおしえ》」とあります。此の棒は教えが其《そ》の本源から流れて通過して出るパイプの系列を示しているのであります。生長の家の本部は〝実相の世界〟にあるということが『生命の實相《じっそう》』総説篇の冒頭に宣言しているのでありまして地上の生長の家本部が事務を執《と》っている所の建物の如《ごと》きは、地上で仕事をする為《ため》の中央事務所に過ぎないのであります。そしてまた私を生長の家の総裁と云うけれども、総裁と云うのは一体何かと言いますと、要するに爰《ここ》に「生長の家大神――総裁・副総裁――御教」と書いてありますように、総裁・副総裁を通して生長の家大神の御教えが流れ出ている其のパイプ的役割が総裁・副総裁であります。即《すなわ》ちこの運動は宇宙の創造神に在《ま》しますところの生長の家大神が或《あ》る時期に住吉大神《すみのえのおおかみ》と顕《あらわ》れてコトバの力によって御禊祓《みそぎはらい》をなしたまうところの運動であります。

（中　略）

そう云《い》う訳で、この人類光明化運動というものは、実は宇宙の創造神の御心《みこころ》を受けた高級霊界《れいかい》に於《お》ける一大救済運動であって、その霊界に於ける救済運動の写しが地上に顕《あらわ》れて居るのであります。だから、この人類光明化運動に現実に参加している「肉体の人間」と云うものは、それぞれその指導霊に導かれて、人々《ひとびと》を救済するのでありますから、色々《いろいろ》と奇蹟的なことがあらわれるのであります。（中略）そんな訳でありますから、或《あ》る講師や先輩を媒介《ばいかい》として救われたら、その講師や先輩に感謝するのは無論いい事でありますけれども、その先輩その人が彼《かれ》を救ったのであると考えると間違《まちが》いでありまして、真実は高級霊界からの人類救済運動が地上に映って、それに指導されて救われたのであると云うことを知らなければならないのであります。だから、「生長《せいちょう》の家大神《いえのおおかみ》――総裁・副総裁――御教《みおしえ》」と云う教えの通過する系列のうち、その総裁でも、現在の総裁たる私が死んだら生長の家も駄目になるであろうと考えるのは間違《まちがい》であります。私が死んでも、私は一種のパイプでありスピーカーに過ぎないから、又《また》次ぎに私に嗣《つ》いでスピーカーとなる総裁と云《い》うのが出来まして、その人が私と同じような役目につき、一層新型の素晴らしい良質のスピーカーになって、私よりも上手に教えを宣《の》べつたえ教化の体制を整備すると云うことになるのでありますから、そのことについては心配がいらないのであります。既《すで》に清超先生が私に劣らず教化の力を発揮しておられまして、今後ついに私を凌駕《りょうが》するようになることは必然であります。

〈注〉

出典は、谷口雅春・谷口清超著『新版　菩薩は何を為すべきか』五四〜六六頁から。

生長の家のマーク

生長の家のマークは、万教帰一《ばんきょうきいつ》と万物調和を表象《ひょうしょう》しています。まず、万教帰一の表現としては、外側の赤い部分が神道を表し、その内側の白い「卐（右万字）」が仏教を表し、中央の緑色の星が十字架《か》をアレンジしてキリスト教を表しています。また、赤い光輪の外縁《がいえん》からは三十二の〝炎《ほのお》〟が外へ伸《の》びていますが、これは仏の三十二相[1]を表しています。これらによって、世界の宗教が説く教えの神髄《しんずい》（中心）は一つであり、各宗教がお互《たが》いを尊重し特徴《とくちょう》を認め合うことによって、互いに平和共存する姿を示しています。

次に、万物調和の表現としては、外側の赤い部分が太陽を表し、円形は円満な心を表し、色彩《しきさい》の赤は天地一切のものを生かす太陽の〝愛〟を表すと共に、情熱的な生々化育《せいせいかいく》[2]の働きも象徴《しょうちょう》しています。その内側の白い部分は、月を表し、清潔、純潔の象徴でもあります。中央の緑色の部分は形が星を表すとともに、放射状に伸《の》びる八つの角は、八方の国々《くにぐに》が平和裡《り》に一つにまとまっている姿を表しています。緑色は地上のすべての国の人々《ひとびと》（青人草《あおひとくさ》[3]）が豊かに栄えていくと同時に、緑豊かな地球上の生命が若々《わかわか》しく瑞々《みずみず》しく生長する色でもあります。[4]

このマークは、一九三五年（昭和10）二月一日に制定されたもので、谷口雅春先生が、「帝《てい》展」[5]の審査《しんさ》員を務めた彫刻《ちょうこく》家の山根八春《やまねやつはる》氏（一八八六～一九七三）に考案を依頼《いらい》し、七種類ほどの案から選ばれました。[6]海外においては、ブラジルではこのマークが広く受け入れられましたが、欧米《おうべい》諸国では、マークの白い部分が鉤《かぎ》十字（ハーケンクロイツ、ナチスのシンボルマーク）に似ていることから、忌避《きひ》される傾向《けいこう》がありました。

〈注〉

1 仏がそなえているという三二のすぐれた姿・形。

2 自然が万物を生み育てること。

3 国民。人民。民草。

4 谷口清超監修『新編 聖光録』二八八頁。谷口清超監修『求道と伝道のために』六四〜六五頁。

5 帝国美術院展覧会、現在の「日展」。

6 『求道と伝道のために』六四頁。

国際平和信仰《しんこう》運動のシンボルマーク

一九九三年（平成5）、生長の家が「国際平和信仰運動」を開始したことを受け、二年後にそのシンボルマークが制定されました。このマークは、私たちが信仰による国際平和の実現を目指して運動に取り組み、世界に平和が持ち来されることを象徴的《しょうちょうてき》に表しています。

マークの中央には、青い地球があり、平和の象徴である白鳩が翼《つばさ》を広げて地球を抱擁《ほうよう》しています。その白い翼の意味として「INTERNATIONAL PEACE BY FAITH」（信仰による国際平和）の文字が記されています。

旧約聖書の『創世記』には、大洪水《こうずい》から方舟《はこぶね》で逃《のが》れたノアが、自ら放った鳩《はと》がオリーブの枝をくわえて戻《もど》ったことにより、水が引いて大地が再び現われたことを知ったという物語があります。このことから古来、鳩は神のメッセージの伝達者、また愛の象徴《しょうちょう》とされてきました。オリーブの小枝も同様に、平和のシンボル、魂《たましい》の救済の象徴として扱《あつか》われてきました。

マークの考案者は、カナダのグラフィック・デザイナー、クシシュトフ・クリス・ミハルチャック氏。一九六一年に東ヨーロッパのポーランドで生まれ、政情不安定のため西ドイツ（当時）へ亡命した後、同国で結婚《けっこん》したドイツ人の妻とともにカナダに移住し、友人から生長の家の教えを伝えられました。

宗教法人「生長の家」環境《かんきょう》方針（基本認識）

地球環境問題は、その影響《えいきょう》が地球規模の広がりを持つとともに、次世代以降にも及《およ》ぶ深刻な問題である。今日、吾々《われわれ》人類に必要とされるものは、大自然の恩恵《おんけい》に感謝し、山も川も草も木も鉱物もエネルギーもすべて神の生命《いのち》、仏の生命《いのち》の現れであると拝み、それらと共に生かさせて頂くという宗教心である。この宗教心にもとづく生活の実践《じっせん》こそ地球環境問題を解決する鍵《かぎ》であると考える。

生長の家は、昭和五年の立教以来、〝天地の万物に感謝せよ〟との教えにもとづき、全人類に万物を神の生命《いのち》、仏の生命《いのち》と拝む生き方をひろめてきた。

生長の家は、この宗教心を広く伝えると共に、現代的な意味での宗教生活の実践として環境問題に取り組み、あらゆるメディアと活動を通して地球環境保全に貢献《こうけん》し、未来に〝美しい地球〟を残さんとするものである。

〈注〉

二〇〇〇年（平成12）十月三日の生長の家理事会で決定され、同十一日付で発表された。

新生を感謝する祈《いの》り

谷口雅春

われらここに新しき日を迎《むか》う。感謝すべきかな。われ神に感謝し奉《たてまつ》り、さらに天地一切のものに感謝し奉る。覚めている間も、眠《ねむ》っている間も、一分一秒といえども、神の護《まも》りなくしては私たちは生きていられなかったはずである。日光は、空気は、水は、食物は、すべて神より来《きた》り、私たちを養い給《たま》うたのであり、これからも常に養い給うのである。新しき年を迎うるにあたり、過去の御護《みまも》りに感謝し奉るとともに、今後もまた神の御護りの篤《あつ》からんことを希《こいねが》い奉り、神の御《ご》恩に報い奉らんがために、神から与《あた》えられたる使命に誠心《まごころ》をつくして邁進《まいしん》せんことを誓《ちか》い奉る。

神はすべてのすべてであり給う。天地一切のものは、神の愛と智慧《ちえ》と生命《せいめい》との顕現《けんげん》であり、私たち人間も神の愛と智慧と生命との顕現であるから、天地一切のものと、私たち人間とは、同根であり、兄弟姉妹であるのである。それゆえに、天地間の一切のもの悉《ことごと》くみな私たちの味方であって、私たちを害する者など何一つないのが実相であるのである。

もし私たちが何者かに害されたり傷ついたりすることがあるならば、天地と同根であり一切の存在と兄弟姉妹である自分の実相をわすれて、天地一切のものと自分の心とが不調和になったことの反映であるから、神は「省《かえり》みて和解せよ」と教えられているのである。

神はすべてのすべてであり給《たま》い、一切処《いっさいしょ》に遍在《へんざい》し給うのである。神は無限にして神聖、常に永遠に、そして今ここに、私を取り巻き、私の周囲に、上にも下にも、左にも右にも、前にもうしろにも、天地、上下《じょうか》、四方《しほう》、四維《しい》、神の在《いま》さざる処《ところ》は無いのである。

その神の最高の表現体として今私はここに生きてあるのである。したがって私は、永遠の存在であり、有限に見ゆれども無限、個と見ゆれども全《ぜん》、久遠即今《くおんそくいま》、調和おのずから備わり、万物の霊長《れいちょう》であり、万物の支配者であるのである。したがって、わが往《ゆ》くところ常にそこは極楽となり、地上に天国の秩序《ちつじょ》が実現し、争いは消え、暗黒は滅《めっ》し、病いは癒《いや》され、悦《よろこ》びと感謝とに充《み》たされるのである。

私は今、この真理に目覚めたのである。この真理に目覚めることが新生である。私は今新生して、新しき日を迎《むか》う。過去は過ぎ去り、すべてのもの新しき悦びに満たされ、すべての者、神に向かいて讃歌《さんか》を謳《うた》う。真理の御光《みひか》り照り輝《かがや》き、今より後《のち》、悲しむ者なく、歎《なげ》く者なく、苦しみによる呻《うめ》きも、叫《さけ》びも、この世界より消え、ただ神に向かいて感謝の歌を謳う。その歌、天に舞《ま》いのぼりて、天上楽《てんじょうがく》となり、地に降《くだ》りて泰平楽《たいへいがく》となる。まことに我れ新生して真理に目覚めたる今、ここに久遠実成《くおんじつじょう》の浄土《じょうど》が現実に存《そん》するのである。われ今、神を敬《けい》し、神に感謝し、悦びの讃歌を献《ささ》げ奉《たてまつ》る。頓首《とんしゅ》、合掌《がっしょう》して、再拝又《また》三拝す。ありがとうございます。

〈注〉

出典は、谷口雅春著『聖経版　真理の吟唱』一〇〜一三頁から。

自然と人間の大調和を観ずる祈《いの》り

谷口雅宣

神の創造《つく》り給いし世界の実相は、自然と人間とが一体のものとして常に調和しているのである。自然は人間を支え、人間に表現手段を与《あた》え、人間に喜びを与えている。それに感謝し、人間は自然を愛《め》で、自然を養い、豊かならしめているのである。両者のあいだに断絶はなく、両者のあいだに争いはなく、両者のあいだには区別さえもないのである。

人間に表現手段を与えている肉体は、その周囲を構成する自然界と物質的成分は同一である。だから、人間は自然界から酸素を得て動力とし、水を飲んで潤滑《じゅんかつ》油とし、食物を摂取《せっしゅ》して肉体を維持《いじ》・成長させることができるのである。これらの物質の流れ、分子や原子の循環《じゅんかん》の奥《おく》に、神の知恵《ちえ》と愛と生命を観ずるものは幸いである。物質は結果であり、神が原因である。すべての存在が渾然《こんぜん》と調和し、支え合っているその実相を、神は「はなはだ良し」と宣言せられたのである。

　その実相を見ず、「個」が実在であり、世界の中心であると見るのは迷妄《めいもう》である。「個人の損得」を中心にすえるとき、人間は自然との大調和を見失うのである。自然界に不足を見出《みいだ》し、自然界を障害と見なし、自然界を自己の支配下に置こうとして、自然界の機構を自己目的に改変し利用することは、愚《おろ》かなことである。自然の一部を敵視して破壊《はかい》することは、恥《は》ずべきことである。それによって人間は自然との一体感を失い、自然治癒《ちゆ》力を含《ふく》めた自然の恩恵《おんけい》を自ら減衰《げんすい》させ、生き甲《が》斐《い》さえも失うのである。

　人間が自然を敵視すれば、その迷い心の反映として、自然の側から〝敵〟として扱《あつか》われるような事態が現れてくるのである。人間が山を削《けず》り、森を切り倒《たお》し、川を堰《せ》き止め、湖や海を埋《う》め立てて、人間だけの繁栄《はんえい》を画策《かくさく》しても、それは神の御心《みこころ》ではない。それは神が「はなはだ良い」と宣言された実相世界とは似ても似つかない〝失敗作品〟である。実相でないものは、必ず破壊《はかい》と滅亡《めつぼう》を迎《むか》える時が来る。それは偽象《ぎしょう》の崩壊《ほうかい》であり、業《ごう》の自壊《じかい》である。

しかし、これを〝神の怒《いか》り〟ととらえてはならない。広大な農地を破壊しながら猛《もう》スピードで突《つ》き進む津波《つなみ》を見て、神が怒りに燃えて破壊を進めていると考えてはならない。神は山を崩《くず》して海を埋《う》め立て給わず。海岸に農地を作り給わず。工場を造り給わず。空港も、原子力発電所も造り給わず。それらすべては、人間が自己利益を考えて、動植物の絶滅《ぜつめつ》を顧《かえり》みずに行った行為《こうい》である。日本列島やニュージーランド周辺で地震《じしん》が起こるのは、太古から繰《く》り返されている地殻《ちかく》変動の一部であり、決して異常事態ではない。それが異常事態に見えるのは、人間の視野が狭《せま》く、考える時間軸《じく》が短く、自己中心的だからである。

多くの生物を絶滅させ、自然の与《あた》え合い、支え合いの仕組みを破壊しておいて、人間だけが永遠に繁栄《はんえい》することはありえない。生物種は互《たが》いに助け合い、補い合い、与《あた》え合っていて初めて繁栄するのが、大調和の世界の構図である。それを認めず、他の生物種を〝道具〟と見、あるいは〝敵〟と見、さらには〝邪魔《じゃま》者〟と見てきた人間が、本来安定的な世界を不安定に改変しているのである。その〝失敗作品〟から学ぶことが必要である。

大地震《おおじしん》は〝神の怒《いか》り〟にあらず、〝観世音菩薩《かんぜおんぼさつ》の教え〟である。我々《われわれ》がいかに自然の与え合いの構図から恩恵《おんけい》を得てきたかが、それを失うことで実感させられる。我々がいかに人工の構築物を、田畑を、港を、道路を、送電線を、インターネットを築き上げても、自然界の精妙《せいみょう》かつ膨大《ぼうだい》な仕組みとエネルギーを軽視し、蹂躙《じゅうりん》する愚《ぐ》を犯せば、文明生活は一瞬《いっしゅん》にして崩壊《ほうかい》することを教えている。我々の本性《ほんせい》である観世音菩薩は、「人間よもっと謙虚《けんきょ》であれ」「自然の一部であることを自覚せよ」「自然と一体の自己を回復せよ」と教えているのである。

現象において不幸にして災害の犠牲《ぎせい》となった人々《ひとびと》を、〝神の怒《いか》り〟に触《ふ》れたなどと考えてはならない。神は完全なる実相極楽浄《じょう》土《ど》の創造者であるから、「怒る」必要はどこにもない。人類が深い迷妄《めいもう》から覚醒《かくせい》できず、自然界を破壊《はかい》し続けることで地球温暖化や気候変動を止められないとき、何かが契機《けいき》となって人々を眠《ねむ》りから醒《さ》ます必要がある。麻薬《まやく》の陶酔《とうすい》に頼《たよ》って作品をつくり続ける芸術家には、自分の作品の欠陥《けっかん》が自覚されない。そんなとき、「この作品は間違《まちが》っている！」と強く訴《うった》える人が現れるのである。そんな〝内なる神の声〟を一人や二人が叫《さけ》び続けてもなお、多くの人々に伝わらないとき、それを集団による合唱で訴える役割が必要になる――「この作品は描《か》き直し、造り直す必要がある！」と。現象の不幸を表した人々は、そんな尊い役割を果たしている。これらの人々こそ、我々《われわれ》の良心であり、〝神の子〟の本性《ほんせい》の代弁者であり、観世音菩薩《かんぜおんぼさつ》である。

我らは今、この尊き観世音菩薩の教えを謙虚《けんきょ》に聴《き》き、心から感謝申し上げるとともに、神の創造《つく》り給いし世界の実相の表現に向かって、新たな決意をもって前進するのである。神さま、ありがとうございます。

（二〇一一年三月十七日）

〈注〉
出典は、谷口雅宣著『次世代への決断』三七三～三七七頁から。

新生日本の実現に邁進《まいしん》する祈《いの》り

谷口雅宣

国土再建の槌音《つちおと》が響《ひび》いている。
現象の無秩序《ちつじょ》が消えて、秩序が現れつつある。それが生命本然の営みであるから、私たちは喜びを感じるのである。冬の枯《か》れ野が眼前に広がるように見えても、土の中、樹木の幹の中、氷原の下層では、新たな息吹《いぶき》が始まっている。そのように、生命は常に無秩序《ちつじょ》を乗り越《こ》えて秩序を生み出し続けるのである。破壊《はかい》と思われるものの背後で、建設が行われている。また、建設されたものの背後から破壊が始まるのである。表面の「現象」を見れば、世界は常に変化する。しかし、その変化の原因である生命は、常に活動し、生み出し、拡大している。それが生命の実相である。

日本はこれから新生するのである。物質的繁栄《はんえい》が人間と国家の目的であり、幸福の源泉だとする考えとは別の方向へ、人生と国とを進展させる時期が来たのである。物質が悪いのではない。物質の過剰《かじょう》が悪いのである。物品の山、食品の山の中に埋《うず》まって、そのどこかに〝宝〟があると探しているのでは〝本当の価値〟を見出《みいだ》すことはできない。〝本当の価値〟とは、物品や食品になる前のアイディアであり、さらにそれらアイディアの背後にある〝与《あた》える心〟〝愛《め》でる心〟〝慈《いつく》しむ心〟である。物質は、それらを表現するための手段に過ぎない。しかるにそれが手段であることを忘れ、物品や食品を至上目的とするところから〝奪《うば》う心〟〝妬《ねた》む心〟〝憎《にく》む心〟が生じるのである。助け合いの中から、新たな富が生み出されている。

富は、他者《ひと》のためになる物や事があるところに生まれる。それが人間の心に認められたときに、金銭的な値段がつくのである。金銭的な価値は富の本質ではなく、人間の心が認めた度合いを示しているに過ぎない。その証拠《しょうこ》に、自然界はそこに生きる生物にとってなくてならぬものだから、どの地点もそのままで価値がある。したがって、それら無数の地点が集まった全体は、無限価値を有している。山にある森は酸素を生み出し、生物を養い、川を流し、水を清め、海を豊かにしているが、人間がその価値をあまり認めないから、「山林」や「原野」は「宅地」より値段が低いのである。だから私たちは、もっと人や物や自然の価値を認めよう。認めて誉《ほ》めることで、実相の豊かさを引きだそう。

神は無限の富を私たちの前にすでに与《あた》え給う。高い山、深い森、豊かな水、複雑な地形、変化に富んだ気候、そして多様な生物。人間社会は、それらに支えられて存在してきた。だから、それらを破壊《はかい》することで、人間社会が豊かになるはずがないのである。人間社会は助け合いによって成立しており、個人一人で生きることができないように、人間は他の生物と助け合うことで豊かな生活を初めて実現できるのである。新たな富は「奪《うば》う」ことではなく、「与える」ことによって実現する。私たちはそれを人間社会の中だけでなく、自然界においても実践《じっせん》し、「本当の価値」を引き出し、豊かな自然と豊かな人の心とが共存する新生日本の建設に邁進《まいしん》するのである。

その機会を与えてくださった神様に、心から感謝申し上げます。

（二〇一一年四月十一日）

〈注〉

出典は、谷口雅宣著『次世代への決断』三七八〜三八一頁から。

法燈継承《ほうとうけいしょう》の真義

谷口清超

御心《みこころ》のままに

本日は満九十二歳になられます谷口雅春先生の記念すべき御《ご》生誕日であります。しかし、残念ながら先生は、お隠《かく》れになられまして、この地上にお姿を拝することはできませんが、私は今日この佳《よ》き日に新総裁として御心のままに襲任《しゅうにん》させて頂きましたので、一言御挨拶《ごあいさつ》を申しあげます。

生長の家は、宇宙の大真理をお伝えするという使命をもって、谷口雅春先生が昭和五年にお始めになられましたが、この御教《みおし》えは実に深遠であり筆舌に尽《つ》くすことはできません。いわゆる「不立文字《ふりゅうもんじ》」と言われるものであって、イデオロギーや学説とは全く違《ちが》います。従ってこの条文を読めばよいというものでもないし、この書物を充分《じゅうぶん》研究すればよろしいというような〝教学〟とは違《ちが》います。
ところで今度、『正法眼蔵《しょうぼうげんぞう》を読む』という本を法燈継承《ほうとうけいしょう》記念の出版として出させて頂きましたが、この〝はしがき〟の一部を御紹介《ごしょうかい》したいと思います。

昭和六十年六月十七日、わが谷口雅春大聖師は卒然として霊界《れいかい》に旅立たれた。同年、七月二十二日総本山に於《おい》て盛大に追善供養祭がとり行われ、尊師の御魂《みたま》を天界高く御《お》送り申上げ、且《か》つ御《ご》分骨を抱《いだ》いて翌日帰京し、七月二十九日納骨祭を営ませて頂いたのである。御《ご》本骨は総本山域内に御《お》祭りすべく、その奥津城《おくつき》の地点が定められ、昭和六十年十一月二十二日、尊師もし御《ご》在世であらせられたならば満九十二歳の御《ご》生誕をお祝い申上ぐべき日に、生長の家総裁の法燈継承祭《ほうとうけいしょうのみまつり》が行われることになった。本書はこの日の記念出版として上梓《じょうし》されることになった〝上巻〟である。

この『正法眼蔵《しょうぼうげんぞう》』という著作は道元禅師《ぜんじ》のお書きになられました畢生《ひっせい》の名著と言われているものでありますが、非常に深く長い内容のものでありますから、上・中・下の三巻に分けて出版させて頂くことに致《いた》しました。

面授《めんじゅ》による継承《けいしょう》

何故私がこの『正法眼蔵』を記念出版の書物として選んだかというと、本書の中で道元禅師はくわしく嫡々相承《てきてきそうじょう》の真意をのべておられるからである。勿《もち》論《ろん》「正法眼蔵」という「実相」を凡《あら》ゆる角度から説き明すと共に、「古仏心」や「面授」についての本義を示されている。これは本文をよく読んで頂かなければならないが、『生命の實相《じっそう》』やその他の谷口雅春尊師の書物を読み、深くその真理の奥義《おうぎ》に魂《たましい》をゆさぶられ、弟子と言ったり、そうでなくても会員として幹部活動をした人は沢山《たくさん》いるのである。その中で「われこそは尊師の御教《みおし》えを正しく継承《けいしょう》するものである」と考える人もいるにちがいない。しかし法（大法）の継承というものは「自分がそう思う」だけでは成り立たないのである。それを道元禅師《ぜんじ》は「面授《めんじゅ》」の巻《まき》でくわしく述べられ、「師と弟子とが対面して」師がそのことを認可しなければならぬ。弟子が勝手に自分で決める問題ではないと教えられるのである。勿論《もちろん》、世間様がきめるものでもないことは言《げん》をまたない。

　ところで谷口雅春尊師は立教の当初から、生長の家は一宗一派の教えではなく「万教《ばんきょう》帰《き》一《いっ》」の真理を伝える超《ちょう》宗教であると説いて来られた。世の中には色色の宗教や宗派があるが、その中で説かれる教えの神髄《しんずい》は本来共通のものでなければならない。それを「大法」と言い、「真理」ともいうが、その共通の神髄《しんずい》を伝えようというので「生長の家」が創始されたのであった。それ故吾々《われわれ》は「生長の家」を一宗一派の宗教であるとは思ってはいないのであって、これは立教当初からの根本方針である。

従って仏教の教典やバイブルや古事記等々《とうとう》の原典からも教えの神髄を引出して解説したり、布教したり行じたりするのであるが、この『正法眼蔵《しょうぼうげんぞう》』も詳読すると実にすばらしい不朽《ふきゅう》の大真理そのものが実に美しい言葉で表現されているので感動する。世間では『正法眼蔵』の著者たる道元禅師《ぜんじ》を、禅宗《ぜんしゅう》の祖師と仰《あお》ぎ、且《か》つ又《また》永平寺の開山と認めているが、本書でも道元自身は「禅宗などと言うな」と教えられ、そんなものは釈迦《しゃか》の教えられた呼称《こしょう》ではないと、一宗一派を完全に否定しておられるのである。この点も万教帰一《ばんきょうきいつ》の立場ときわめて通ずるものがあるので、私はこの神啓《しんけい》の書『正法眼蔵』を現代人に分りやすくしかも正しくその本義を伝えたいと、昭和四十八年から筆を起し『精神科学』誌上に連載《れんさい》しはじめたのであり、これは現在も続行されている。
するといつしかこの拙《つたな》い文章が谷口雅春尊師のお目にとまり、昭和五十年十一月号の『生長の家』誌上で次のように批評して頂いたことがあるので、恐懼《きょうく》の限りであるが、次に転載《てんさい》させて頂いて、本書この「はしがき」のしめくくりとさせて頂くことにしたいと思う。

摂理《せつり》による出現

以下は尊師の御《ご》文章の転載の部分であります。

「衆生《しゅじょう》劫《こう》尽《つ》きてこの世の焼くると見る時にもわが浄土《じょうど》は安穏《あんのん》なり」と釈尊《しゃくそん》が法華経《ほけきょう》の寿量品《じゅりょうほん》中で説かれたその百千万億阿僧祇《あそうぎ》の幾変遷《いくへんせん》の劫数《こうすう》を経ても、毀《くだ》けず滅《めっ》しない安穏なる実相の浄土に釈尊と共に生き通し生きつづけている私である。釈尊《しゃくそん》は寿量品《じゅりょうほん》の中で、「我れ諸々《もろもろ》の衆生《しゅじょう》を見るに、苦海に没在《もつざい》せり、故に為《ため》に、身を現ぜずして、其《そ》れをして渇仰《かつごう》せしむ」と説かれて、決して死ぬのではないと説かれているのである。わたしも決して死するのではないのである。「身を現ぜずして渇仰せしむる」摂理《せつり》であり、摂理に従って現象界から姿を隠《かく》すだけである——その時が来るのは自然の理であるのである。

併《しか》し私が姿を没《ぼっ》する時が近づいた時には、既《すで》に、私の後継《こうけい》者が充分《じゅうぶん》の力を備えて摂理によって出現しているのである。『精神科学』誌に連載《れんさい》されている谷口清超先生の『正法眼蔵《しょうぼうげんぞう》』の解釈《かいしゃく》を見て私は驚嘆《きょうたん》しているのである。道元禅師《ぜんじ》の難解な禅師特有の新造語ともいうべき普通《ふつう》の辞書には見られない用語を、一語も一句もとばさないで、それを訳しながら、現代語で実にわかり易く、『生命の實相《じっそう》』の鍵《かぎ》をもって真理を解いて行かれる清超先生の力量というものは、単に学者の学をもってあれだけ解けるものではないのである。悟《さと》りが元にあって、それに霊界《れいかい》からのインスピレーションが加わっているのである。このような後継《こうけい》者が選ばれて出ているということは人間界のはからいによるのではないと思う。私は安心して私の跡《あと》を継《つ》ぐ者ありとして、安心していつでも涅槃《ねはん》に入ることが出来るのである。併《しか》し私は滅《めっ》するのではない、「常に霊《りょう》鷲山《じゅせん》及《およ》び余の諸々《もろもろ》の住処に在り」で、いつでもアフリカにでも、カナダにでも、ブラジルにでも姿をあらわして衆生《しゅじょう》を教化するのである。

これは私が読むには勿体《もったい》ない、恐懼《きょうく》の限りのお言葉でございますが、後継者としての私は、「面授《めんじゅ》」によってそう決められたのであるということを皆《みな》さんにお知らせするために、あつかましいようでございますが、以上朗読させて頂きました。

不立文字《ふりゅうもんじ》の継承《けいしょう》

世の中には、「継承《けいしょう》」ということを何か誤解している方もいらっしゃいまして、谷口雅春先生のお説きになった一言一句をその通りまたくり返しお伝えするのであろう、かの如《ごと》く思われる方もおられるかもしれませんが、実はそういうものではないのであります。つまり、教えの神髄《しんずい》の不立文字《ふりゅうもんじ》をお伝え頂き、それを継承するということでありまして、これはお釈迦《しゃか》さんが霊鷲山《りょうじゅせん》上において迦葉尊者《かしょうそんじゃ》に「吾《わ》れに正法眼蔵《しょうぼうげんぞう》、涅槃妙心《ねはんみょうしん》、実相無相の微妙《みみょう》の法門あり、摩訶《まか》迦葉に付嘱《ふぞく》す」と言われた時、金波羅華《こんぱらげ》の花を拈《ひね》られて一言もおっしゃらず、こう目くばせをして〝揚眉瞬目《ようみしゅんもく》〟、眉《まゆ》を上にあげて目をぱちぱちっとさせて衆生《しゅじょう》を見渡《みわた》され、こう何か意味ありげに見まわされた時に迦葉尊者だけが破顔微笑《はがんみしょう》したというので、お前に正法眼蔵を譲《ゆず》ったぞとおっしゃった。「吾れに正法眼蔵、涅槃妙心、実相無相、微妙の法門あり、不立文字、教外別伝《きょうげべつでん》、摩訶迦葉に付嘱す」と。

即《すなわ》ち言葉では説き尽《つ》くせないような大真理が正法眼蔵であって、それが金波羅《こんぱら》華《げ》で暗示されているのである。即《すなわ》ち中心帰一の実相世界のことでありますね。それが日本国の実相であるということもお伝え戴《いただ》いた。実にすばらしい実相世界には中心帰一の根本原理が貫《つらぬ》いている。この真理は言葉では尽《つ》くせないがお前に譲《ゆず》ったぞということでありまして、この事は先生のお説きになられました一言一句をまたくり返し説けということとは違《ちが》うのであります。

継承《けいしょう》とか嫡々相承《てきてきそうじょう》ということはそういうことではないんです。例えば、明治天皇様が大正天皇様にお位をお譲りになる、あるいは大正天皇様が今上陛下にお譲りになるという事は、「わしと同じ事をお前達はせよ」ということではなかったのです。真理というのは、その時その時に応じて色々《いろいろ》な相《すがた》をもって展開されねばならない。そこがイデオロギーや運動方針とは違《ちが》います。イデオロギーならば色々と文字に書きあらわすこともできるかもしれないが、それは「真理そのもの」とは違うのです。そこの所をよく諒解《りょうかい》していただかないと、過去の歴史を繰《く》り返せよということを、相承《そうじょう》と思い違《ちが》えたりする。この点は皆《みな》さんにも充分《じゅうぶん》ご理解いただく必要がある。そしてこれからの運動はやはり中心帰一の原理を説く生長の家の運動でありますから、中心帰一を守りつつ大いに大々的《だいだい》に展開していきたいと念願している次第であります。

重大な中心帰一

さらに念のため例をあげればかつての戦争が、一つの大きな教訓であったのです。即《すなわ》ち明治天皇様が日露《にちろ》戦争の宣戦布告をされまして、日露戦争が行われ、日本が死力を尽《つ》くして勝利し獲得《かくとく》した満州《まんしゅう》の資源と利権。これを今上陛下はお譲《ゆず》りを受けられていたが、その後、色々《いろいろ》な事件が満州で起り排日《はいにち》気運が高まった。そこで絶対にこの権利を死守しなければならないという風に考えたのが当時の政府であり、軍部であったのです。しかしながら今上陛下は満州の事変を拡大するなとおっしゃっておられたのです。ところがその御心《みこころ》に反して、どんどん満州《まんしゅう》に軍を進め、遂《つい》にそれが支那《しな》事変、そして中国大陸に布陣《ふじん》する大戦争となってしまった。そこへアメリカが色々《いろいろ》な事を言ってきて日米交渉《こうしょう》が行き詰《づま》った。この時にもまた今上陛下は、アメリカと和平交渉をしなさいということを強くおっしゃっておられたのですが、軍部及《およ》び政府はそうではなくして、開戦の方向へ決定をせまられていった。これは国民世論がものすごくそれを支持しておったからでありますが、そういう風にして遂にあの大東亜《だいとうあ》戦争に突入《とつにゅう》し、結局敗戦ということになってしまった。その時のポツダム宣言受諾《じゅだく》か否かは、天皇陛下にすべてお委《ゆだ》ねして、「天皇陛下、どういう風にしたらよろしゅうございますか、お決め下さい」と奏上し、天皇陛下ははじめて「どうしても戦争はやめる」とおきめになった。これはその時点で初めて我が国は中心帰一したということであり、それ以来日本の復興が始まって今に至っているのです。この重大な中心帰一の真実相を本当にその原点において捉《とら》えている人がどれだけおるかということになると、今の日本の現状では、まことに心もとない次第である。

その代りにイデオロギーの一つであるところの民主主義だけが極めて重大視されている。イデオロギーの点から言うとマルクス主義もイデオロギーであるから、おかしなものでマルクス主義が発明したイデオロギーという言葉が、マルクス主義を相対的なものであると規定しているということになるのです。あるいは憲法にしても、これは占領《せんりょう》軍が大略決めた箇条《かじょう》でありますから、これは決して〝真理そのもの〟とは言い難《がた》いところの極めて不完全な作品であるが、この様なイデオロギー的、現象的な法文や、主義主張だけが今日では非常に尊重され、本当の真理そのもの、つまり中心帰一・実相世界の、言葉に言い尽《つ》くすことのできない「大真理」が疎《おろそ》かにされているのである。これを知らないでいる人が非常に多い。全世界中にも多いが、日本国の中にも多い。ことに日本国の実相が中心帰一という点において世界に冠《かん》たるものでありながら、それを知らない人々《ひとびと》が沢山《たくさん》いる。実にこれは情けない、残念なことであるから、この迷妄《めいもう》を打ち破るべく私達は日夜活動を展開してきているわけであり、その様な大真理のその根本理念を継承《けいしょう》させて戴《いただ》いたしだいであります。この大真理をこれから皆《みな》様とともに新しい世紀に向かって、千変万化するこの現象界に展開し続け、毎年の運動方針として提出し、あるいは、その他、色々《いろいろ》な運動の姿勢に於《おい》て開華していきたいと念願している次第でありますので、どうぞこの意義を深く体得して、これからも光明化運動に協力一致《いっち》邁進《まいしん》していって頂きたいと念願するしだいであります。

〈注〉
出典は、『聖使命』一九八五年十二月一日号から。一九八五年十一月二十二日／新総裁襲任生長の家秋季記念式典での言葉。

生長の家は伸《の》びる

谷口清超

一即多《いちそくた》の展開

生長の家は三月一日号の『生長の家』誌の発刊をもってこの地上に出現した〝万教帰一《ばんきょうきいつ》運動〟である。言うまでもなく谷口雅春大聖師によって創立され、著述され、又《また》出版された。しかもその出発点は「文書伝道」であり、これが根本方針となって、現在でも世界各地で機関誌が発行され続けているのである。今回日本国内では今までの六神誌に代わって、四普及《ふきゅう》誌と三機関誌が夫々《それぞれ》の分野の各読者会員に向けて発行され、より一層運動が多様化すると同時に、統一され、且《か》つ中心帰一化されて来たということは、当然のことながら悦《よろこ》ばしい変化であろう。

全てこの世界では、求心力と遠心力という二つの大きな力が同時に作用して現象世界を構成している。人間社会でもこの相反する力は夫々《それぞれ》「一」と「多」との展開を示し、それを「即《そく》」に於《お》いて結びつけるのである。これが「一即多《いちそくた》の原理」といわれているものである。即《すなわ》ち現象界は各種の変化に富み、一見多と見えている。多くの人々《ひとびと》が夫々てんで気儘《きまま》な生活を送っているようであるが、しかも人々は一つのいのちを生きている仏であり、神の子である。神という「一」が神の子という「多」として現成《げんじょう》しているとも言える。一仏一切仏の真理とも説かれる所以《ゆえん》である。

そもそも神の国という実相世界は、そこに一切が秘められている根源世界であり、大実在界である。そこには「一」があり、同時に「多」がある。つまり一が単なるノッペラボーの一ではなく、個性的な「多」が同時にあるところの「一」である。それを言いかえると、「多が中心に帰一している世界」とも言えるのである。

そこでこの宇宙的真理を伝えるところの「生長の家」の運動では、常に中心に於いて「一」が確立し、しかもそれが「多」に展開して運動が限りなく発展し、現在では男性の組織である相愛会、女性の白鳩会、そして青年会の三者組織で行われるようになったのである。しかもそれらを「講師会」なる〝血液〟が貫流《かんりゅう》し、真理をあやまりなく、新鮮《しんせん》な悦《よろこ》びのコトバを以て伝えることになり、その上この運動はさらに特殊《とくしゅ》化した形態で、「栄える会」や「新教育者連盟」が出現したのであった。

それ故、昭和五年三月一日創刊の『生長の家』誌はただ一種の求道兼《けん》伝道誌であり、普及《ふきゅう》・機関誌の原形であったが、それが次第に分化して多様なる展開を示したのである。しかもこの単一の創刊号が現在の形態に多様化するまでには『生長の家』誌と『白鳩』誌の時代があり、そこに青年誌としての『理想世界』誌（『生長する青年』誌と呼ばれた時代もある）が加わり、特殊な分野に伝える『光の泉』誌や『精神科学』誌が加わったりしたのである。

しかし、そのいずれをとっても、夫々《それぞれ》の時代に立派な役割を果し、『生命の教育』誌や『いのち』誌等も出現して活動し、生政連活動が活発化した時代もあった。

生命が生長する時

しかしこれらの運動は全て一つの種子が地に播《ま》かれて芽を出し、それが双葉《ふたば》となり、三つ葉となり、枝分れして幹が太り、そして根が張り伸《の》び栄えて行く生長段階の様相であったから、これを過去のある一時代に限定して、そこで停止せしめるわけには行かないのである。従ってかつての『生長の家』誌一本であった双葉時代を、これが本当のあるべき姿であるとして、昭和六十年代から平成時代にもこの形態を保持しようとしても、それは植物の発育を双葉の状態で固定化しようとする試みと同じであり、却《かえ》って枯死《こし》させることになるのである。

さらに又《また》ある種の運動は、現在ではどこかに統合されたり、廃止《はいし》されたりすることも起りうる。それは永遠の時間をかけて展開される大生命活動に於《お》いては屢々《しばしば》起りうることであり、現在日本社会で進められている「行財政改革」や近くは「政治改革」「教育改革」等が、いたずらに多極化され、分極化されて行くのみではなく、整理され、縮小されることも必要とされるようなものである。かつての日本国が満州《まんしゅう》や朝鮮《ちょうせん》半島にその支配力を及《およ》ぼし、台湾《たいわん》も領土としながら、それを現在は全て放棄《ほうき》したような思い切った「大改革」も、必要であったのだ。しかしそれは日本の発意による形では行われ得ず、敗戦によってそうさせられたとは言え、これはかえって現代日本に「新しい自由化への道」を歩ませる一大転機となり、昭和六十年から平成にかけて日本の経済的発展の基礎《きそ》を作るにいたったのである。

それをも誤解して、後世の人々《ひとびと》が再びかつての日満体制や、朝鮮半島や台湾までも領土としたかつての大日本をそのままの形で復元しようと努力をしたならば、これは明らかに過《あやま》った復古主義的愛国運動となり、歴史の教訓を何一つ理解しなかった者と批判されるであろう。世界の歴史は、つねにそのようにして人類の心を映し出すと同時に、人類に対して重大な教訓を与《あた》えてくれているのである。

それは大規模に展開される「心の法則」であり、「業《ごう》の法則」であり、観世音菩《かんぜおんぼ》薩《さつ》の救いの御《お》働きと呼ばれるものである。

例えばある青年が某《ぼう》大学に入学を試みたとしよう。がそれに失敗して浪人《ろうにん》した。するとこの結果は、本人の「心の影《かげ》」であると同時に、彼《かれ》に対して「もっと努力せよ」等と教えてくれているのである。しかし彼は次の機会に、あまり努力をせず、裏口入学を試みたとしよう。ある有力者の力をたのんで、リクルート株ではないがそのような工作の努力を試みた結果、入学を達成した。少しは祈《いの》ったかもしれないが、とにかくある種の工作をしたのである。

するとその一時的成功は、必ず崩《くず》れ去り、無事某大学を卒業したとしても、又《また》さらにかなり有望な大会社に入ったとしても、その種の裏面工作の味を忘れ得ず、又々《またまた》何かをやり出して、遂《つい》には失脚《しっきゃく》するということが起るのである。それがすぐ起らなくても、結婚《けっこん》生活に失敗するか、又はその他の事件で、かつての不正のつぐないを何らかの形でするという結果が起る。この肉体の一生とは限らず、次の人世《じんせい》で起ることもあるし、途中《とちゅう》で信仰《しんこう》を深め、愛行や神想観《しんそうかん》をよくやるようになって、光に当る闇《やみ》の如《ごと》くその業《ごう》が解消して行くこともある。それは宗教行によって自分の行為《こうい》の善悪とその教訓とを事前に学び取るからである。つまり観世音菩薩《かんぜおんぼさつ》の救いを別の形で受けいれ、懺悔《ざんげ》したからである。

歴史の教訓

このようにして歴史は人々《ひとびと》の心に各種各様の教訓を与《あた》えてくれるのであるが、人間の視界がただ目先の現実や、自己の生存するテリトリーのみに限定され、国や社会や全体的生命の繁栄《はんえい》を考えることがないならば、中々《なかなか》一生の間では解らぬということもありうる。それは無学文盲《もんもう》者のみとは限らず、唯物《ゆいぶつ》論的に現象の一時代のみを捉《とら》えて、その人生のみを考えるから、高等教育を受けたものでも、大局的な教訓を感得しえないということはいくらでもある。

宗教と政治との関り合いについても、人類は歴史の教訓を徐々《じょじょ》にではあるが学び取りつつある。かつて人々《ひとびと》は全ての国で宗教を持ち、その宗教（未発達であっても）の行事を国家行事として行って来たのである。そのため宗教の相違《そうい》が、国と国との間の争いの種子にもなって来たし、今でもその名残りを残す戦いを続けている国や地域がある。

しかしこの状態では、個人の信仰《しんこう》というものが確立されているとは言い難《がた》いのである。「信仰の自由」などという考えも、全く未発達の時代を人類は経過したのである。けれども次第に、何を信ずるか、又《また》信じないかを、自分のいのちの主体性に於《お》いてきめることの尊さと悦《よろこ》びを知るようになって来た。言論の自由でも、職業選択《せんたく》の自由でも、古代に於いてはありえなかったのである。

それは前に述べたような、植物の双葉《ふたば》から若樹への生長発展とおなじことであり、この発展を逆転して、古代の神権国家へ機械的に逆もどりさせることは不可能であり、又その歴史的意味はないのである。そして又これを唯物《ゆいぶつ》論という一種の〝宗教〟をもって代行しようとした共産主義国もあるにはあったが、このような国の人々《ひとびと》がいかに理想や理論と食いちがった不自由で不満足な生活を強いられたかを見れば、その得失は明らかであろう。

そこで近代的な進歩した国々《くにぐに》では、信仰《しんこう》の自由や言論の自由が追及《ついきゅう》されるようになり、その自由の中で吾々《われわれ》が本心に照して正しいと思う宗教あるいは学説・理論を選び取り、かつ説き、又《また》実行するようになって来たのであった。それを保証する目的で、〝政教分離《ぶんり》〟ということが称《とな》えられるようになったのであるが、これはあくまでも「信仰の自由」の保護のためであって、国家が宗教に無関心であれということではなく、国家的儀式《ぎしき》と宗教儀式とを完全に分離せよということでもない。現にアメリカでも大統領は聖書に手をおいてその宣言をやるのである。

さらにまた、古来ある宗教が国家保護をうけて温存された歴史はいくらでも見《み》出《いだ》せるが、そのような温存の仕組みは、かえって保護された団体を腐敗《ふはい》させたのであった。宗教団体が政党や政治家と深い因果関係を結ぶ時は、やはり政治的手段によって宗教団体が利益を得、ある種の目的達成をはかろうとするし、政治家は又《また》宗教団体を利用して自分の勢力を伸《のば》そうとする。こうして双方《そうほう》に〝信仰《しんこう》の純《じゅん》粋《すい》性〟が失われ、目的のための手段として「神」や「信仰」が利用されるということになりやすいのである。

信仰の自由

しかし真に美しく立派な神の国が現象的にあらわれるには、全ての人々《ひとびと》が本心から純粋な信仰に目ざめ、利益や名誉《めいよ》や出世欲のために神を利用するのではなく、神意を第一として生きて行くことを求めてのみ可能である。政治家も宗教団体の票を当てにするのではなく、信仰の自由の立場から正しい教えを政治的に実践《じっせん》し、神意を第一として、利権や欲得をそれに従属せしめるのである。

けれどもそうなって行くためには、政治家のみならず、学者も、企業《きぎょう》家も、芸術家も、全ての人々《ひとびと》が何らかの形で正しい信仰《しんこう》を持つようにならなければならない。その傾向《けいこう》が全国的に拡って行ってはじめて神の国に近づいた国家が現実のものとなり、そこには当然中心帰一の姿が各所に具体化して来るものである。と同時に「多」者が全ての意味で尊重され、その個人の主体性が礼讃《らいさん》されるのだ。「多」が「一」に於《お》いてまとまり、宗教的にも様々《さまざま》な団体が現れていながら、お互《たが》いに他を傷つけ合うことなく「一」なる真理を伝えようとするのである。

そこには一個が一個として孤立《こりつ》し、他を圧迫《あっぱく》するということがないのは、「一仏一切仏」の原理の展開だからである。さらに又《また》もう一つ世界の歴史は重大なことを教えている。それはこの地球世界は鎖国《さこく》から開国への道を歩んで来たと言うことである。

この件については生長の家本部から出版された『新しい開国の時代』という本の中にも詳《くわ》しく書かれているから、是非御《ぜひご》一読願いたいが、昔は凡《あら》ゆる国々《くにぐに》は他国を知らず、情報不足のために「鎖国《さこく》」状態だったのである。それが次第に他国の情報を得、次第に物々交換《ぶつぶつこうかん》や取引きや、さらには人間文化の流通が始まったのであった。

その流通や交流が自由化し、かつ拡大して行く過程が世界文明の発展なのであり、歴史の歩みといってよいものである。この事実に真に目ざめるならば、吾々《われわれ》は鎖国の道へ逆転しようとすることなく、新しい開国への道をさらに前進して、物と物のみならず、人と人、そして文化と文化の自由な流通をすすめて行かなければならないのである。

そして又《また》このような時には、日本の個性が果してどうなるのかという問題が発生するであろう。世界中の流通が自由化して、人と人との交流が進めば、世界が均一化してノッペラボーになるのではないか……けれどもそれは正しい信仰《しんこう》を持つ人々《ひとびと》が増大し、人間の本質が「一即多《いちそくた》」であり、宇宙の実相も亦《また》そうであり、おのずからそうなる外はないということが知られて行くならば、世界各国に個性があらわれてくるので大丈夫《だいじょうぶ》である。日本人はいかに他国に於《お》いて生活し、他の国の人々《ひとびと》を愛しても、日本的個性を失うことなく、「ソ連を祖国」と考えるような日本人も、本来は出て来るはずがないのである。即《すなわ》ち迷妄《めいもう》さえ取り去れば、あとは実相人間と実相国家の出現が期待されるのみである。

昨年、ソ連のピアニストであるブーニン氏が西ドイツに亡命し、十二月には日本にも来て約二十ヵ所で演奏会を開いたが、彼《かれ》はまだ二十歳そこそこであるにも拘《かかわ》らず、記者の質問に答えて「自分の祖国はソ連である」と語っていた。しかしそこには自由がなく、理想が実現しないし、ピアノも充分《じゅうぶん》弾《ひ》けないから、亡命したのであって、ソ連にはもう再び帰る意志はないとハッキリ述べていた。

全て「自由」の失われた所には、学問も芸術も発展することは出来ないし、宗教的信仰《しんこう》も、押《お》し付けられて生れるといったものではないのである。ブーニン氏は音楽のために全てをそそぎこむ決意のように見うけられたが、全ての音楽も絵画も正しい神を把握《はあく》した時、真に「無限の美しさ」をあらわし出すのである。そんな高度の文化生活でなくても、平凡《へいぼん》な家庭人であっても、いかなる職業の人々《ひとびと》であろうとも、素直な正しい信仰《しんこう》生活に入れば、夫々《それぞれ》の職務を完うし、かつ理想的社会・国家の建設に向って歩みはじめるものである。

(後　略)

〈注〉

出典は、『生長の家白鳩会』一九八九年四月号、六～一二頁から。

「開かれた生長の家」について

谷口清超

一貫《いっかん》した〝理念〟

本日は全国の幹部の皆《みな》さんがお集まりになって、昭和六十三年度の運動方針が決定されました。皆さん大変ご苦労さまでした。

今回の運動方針をご覧になると、非常に複雑な内容が含《ふく》まれております。まだ充分《じゅうぶん》に方針の固まっていない未解決の分野もありますが、だいたいの方針が「両《りょう》軸《じく》体制」に向かって着々《ちゃくちゃく》と前進してゆくことになっている。しかし、さらに詰《つ》めていかなければならない問題も沢山《たくさん》あるわけです。それは丁度《ちょうど》まだ表面に現われていない双葉《ふたば》のようなもので、どういう双葉がどういう方向に伸《の》びていくか、あるいはその双葉が三つ葉となり、四つ葉となり、どういうふうに伸びていくかということが、まだ分らない段階が沢山《たくさん》あるようなものである。生命が成長していく段階に於《おい》ては、そういうことがあるのであって、いつまででも同じ双葉《ふたば》の状態が続くということは、絶対ありえないのであります。

従ってこの光明化運動も、発祥《はっしょう》時代の通りのことが今も続くということはないのです。教えの根本に於ては、確固とした不動のものはあるが、これは実相世界の真理のことであって、その真理が現象界へ展開してくる相《すがた》というものは、みな時代によって違《ちが》ってくる。しかし、ただ単に違うだけではない。そこに一貫《いっかん》した〝理念〟がはっきりと打ち出されているということになるわけであります。従って、生長の家の運動も、昭和六十三年度には六十三年度の運動があり、昭和六十四年度には六十四年度の運動がまた出てくるわけであって、六十三年度の運動が六十四年度にまたそのまま繰《く》り返される、そっくり同じものが出てくるということはあり得ないのであります。

正しい理念に基づいた運動

さて、最近、日本の皆《みな》さんの、あるいは全世界の人々《ひとびと》の耳目を吸収した事件として、大韓《だいかん》航空機が何者かによって爆破《ばくは》され、一一五人の乗客が行方不明になり、未だに遺体が見つかっていないという事件があります。その犯人として捕《つか》まった「真由美」さん、「金賢姫《キム・ヒョンヒ》」という方が、「北朝鮮《きたちょうせん》から訓練を受けて爆破する作業を行った。その中の一人である」ということを供述して、彼女《かのじょ》の記者会見等がありました。あの事件は、まだ未解決のところは沢山《たくさん》ありますけれども、今までの発表によると、あの北朝鮮の工作員の人々は、「悪いことをしよう」と思ってしたのではなくて、やる時には「これは良いことである。これこそ祖国のためになることである」というような硬《かた》い信念であったということがわかります。

しかし、実際には、それがとんでもない殺人・爆破テロ事件になってしまっているのです。そこにどういう間違《まちが》いがあるかということを考えてみると、我々《われわれ》が「祖国のためになる」と思うそのことだけで、すべてが正しいとされることにはならない、ということが一つあります。つまり「愛国運動」だけで世の中が立派になるとは限らない。現在イランとイラクの間で戦争が行われているが、それは両方の国民がそれぞれの祖国のために一所懸命《けんめい》血を流し続けている永《なが》い戦いである。しかしいくら愛国心でぶつかり合っても、立派な素晴しい世界が実現するとは限らないのですね。だから、「愛国運動であるから我々《われわれ》も参加したらいい」というような盲目《もうもく》的な考えで、生長の家は運動をしてはいけないと思うのです。勿論《もちろん》愛国運動そのものが全面的にいけない、ということではない。「正しい理念に基づいた運動」でなければならないということが、なによりも大切なわけであります。

それで「信仰《しんこう》の運動」、ことに「生長の家の運動」と「唯物《ゆいぶつ》論の運動」と、どこが一番違《ちが》うかというと、唯物論では――北朝鮮《きたちょうせん》の方針もそうですが――ある目的を達成するためには、非合法的な手段をとってもいいということになっている点である。

そこが非常に違《ちが》います。その根底には、目的が正しければ色々《いろいろ》な手段がとれるという、一見非常に便利な思想があるわけです。従って、マルクス・レーニン主義を掲《かか》げる限り、マルクス・レーニン主義という理想が全世界に広がるためには、色々な手段がとれるのである。ある時はアフガニスタンへ侵略《しんりゃく》するような政策もとれるし、ある時は撤退《てったい》するという方策もとれる。あるいは核《かく》兵器の配備でも、ある時はＩＮＦ（中距離《きょり》核戦力）削減《さくげん》の条約を結び、ある時はそれを破棄《はき》することもできる。かつて日本が敗戦真近になって、ソ連軍の満州《まんしゅう》からの侵略を受けた時も、その方式でやられたわけであります。つまり日本とソ連との間の不可侵《ふかしん》条約も、「これは破棄すべき時である。一方的に破って差し支えない。このチャンスを失ってはいけない」というわけで、彼《かれ》らは大挙して満州に進入してきた、という苦い経験があります。

　そういうわけであるから、目的のためにいろいろな手段をとることができるということは、一見非常に便利なんですね。しかし、そういうふうに便宜《べんぎ》的に、「これは今非常に有効に働く」というだけでそういう方法をとるとしても、現在、世界中で現われておりますように、共産主義の政府のやっているところは、みな行きづまってしまうのです。そして結局、経済的な破綻《はたん》も生ずるし、政治的ないろいろな問題も山積してくるということが現実化してきていて、現代ではもはや「共産主義というのは、過去のイデオロギーであって当然変わらなければならない。破棄《はき》しなければならないものである」ということに、ほぼ世界的に結論が出ているような状態なのであります。しかし、共産主義国の政府がそのマルクス・レーニン主義をしっかりと握《にぎ》って離《はな》さないのは、それを離してしまうと、自分達の権力のよって立つところの基盤《きばん》が崩《くず》れてしまうからである。これは彼《かれ》ら権力者の死活の問題であるので、どうしても離せない。そこで今彼らのやっているのは、看板は降ろせないけれども内容を変えていこうというやり方ですね。自由化して、情報もかなり公開して、内容は共産主義でなくなっていきつつあるが、「共産主義」の看板だけはつけていようというやり方ですね。しかし、これでは問題の根本の解決にはならないのでありまして、どうしても最終的には、間違《まちが》ったものは間違ったものであるとして、根本的に改めていかなければならないということになるわけであります。

ところが一方、「信仰《しんこう》」とか、唯物《ゆいぶつ》論でないところの「唯神実相論」に於《お》きましては、神様のところへすべてが帰結するわけであるから、そこから発していろいろな方法、伝道方法が出てくるのであって、「伝道のために手段を選ばずに何かをやる」ということはないのであります。もしそういう運動をやるとすれば、その信仰活動は間違っているのである、迷信であるということができるのですね。それは、「病気治しをしっかりやっておれば、教えが広がるから、手段を選ばず、インチキもやろう」というようなものの考え方であります。あるいは、「こういう宣伝方法をすれば教えが広がるから、こういう方法でやっていこう」というのであるが、それは本当のやり方ではない。一時的手段として、そういうやり方もとれないこともないが、それは入口のごく初歩の段階であって、急速にホンモノが出てこなければならないというのが、あらゆる正しい宗教の根本的なあり方なんでありますね。いいかげんな所ではなく、「おかげ信仰《しんこう》」からもっと奥《おく》へ入っていかなければならないというのは、もう皆《みな》さんのご存じのところなのであります。そういうわけで、我々《われわれ》は正しい手段でもって正しい運動をしっかり展開しようという方針になっているわけでありまして、「両軸《りょうじく》体制」の中でも、それははっきり貫《つらぬ》き出てきているはずであります。

生長の家を前面に出した運動

だいたい谷口雅春先生は、ご生前、そのご講義の中でしばしば「生長の家」という言葉を詳《くわ》しく紹介《しょうかい》され、解説されました。「生」は無限に伸《の》びる生命《いのち》、時間を表わすという……。「長」は無限に展開していくその空間的な広がり、空間を表わす。そして、時間・空間のよって以って現われる一点――その「家」――現象の「家」のその奥《おく》に実相の「家」がある。これが「生長の家」である。「霊的《れいてき》大宇宙」といってもよろしいが、「生長の家」はそういう世界である。それが本当なんだ、ということをしばしばおっしゃいましたが、これは非常に大きな意味がありまして、「生長の家」という言葉が「神様の世界」「実相世界」を表わしているということを、我々《われわれ》は常に念頭に置いて運動を展開する必要があるわけです。

　先ほども恵美子夫人が、ブラジルの松田教化総長が「生長の家」のことを前面に出してブラジルで伝道したという話をしておられましたが、「生長の家」の名前を伏《ふ》せて運動をするということは、「生長の家」という名前の意義がよく分っていない人の場合に、時々《ときどき》起こることでありまして、「これは白鳩会の運動です」「相愛会の運動です」、或《ある》いは「新教連の運動です」という人もいる。先ほども「新教連の名前で会館を借りる」というような話があったが、しかし失礼だけれども、「白鳩会」も「相愛会」も「新教連」も、「神様の世界」を示す言葉ではないのです。根本的に位相が異なっていて、「生長の家」の中の白鳩会であり相愛会であって、初めて値打がある。新教連も、もちろんそうです。新教連が財団法人だろうがそうでなかろうが、そんなことは大した問題じゃないんです。そっちの方が大切だという考えが、もしあるとすると、それは大変な間違《まちが》いである。そこのところが欠落していると、たとえ「生長の家を隠《かく》していない」とおっしゃっても、いつの間にか別のものが前面に出てきて、それを手段として教えを伝えようという考えになってしまうのであります。そうでない人も沢山《たくさん》いるが、運動の流れの中で時々《ときどき》それが出てくるわけですね。それが具合いが悪いというので、新年度（昭和六十三年度）の運動方針では、生長の家の信仰《しんこう》とピッタリ一つになった新教連運動をやっていこうということになっているのは、大変素晴しいことだと思います。[1]

次に「開かれた生長の家」ということについてでありますが、「開かれる」という意味には、いろいろな解釈《かいしゃく》の仕方がある。これは栄える会の全国大会の時にもちょっとお話ししたのですが、かつて十五世紀末にスペイン王室の助力を得て、コロンブスが探検の船を仕立てて、スペインの港を出港した。スペインから一旦《いったん》カナリア諸島の方へ南下して、そこから西へ西へと航海を進めまして、ついに三十日くらいたって、暴動がまさに起ころうとする時に、ようやく島影《しまかげ》を発見した。船員が騒《さわ》ぎ出したのが十月十日――これ家内の誕生日で、日本では体育の日になっているが――その日から二日後に島影を発見して、「これが日本だ」と思ったのですね。というのは、ずっと前、十三世紀頃《ころ》にマルコ・ポーロが日本についての書籍《しょせき》を発表して、それをコロンブスが読んで日本という国――ジパングといいますが――に憧《あこが》れていた。その国へ行くと金《きん》の家が建っていて、金の屋根が葺《ふ》いてあり、素晴しい金の財宝がたくさんあるというわけですね。そこへ行って一つ素晴しい金や財宝を見つけようと思った。それがコロンブスの西へ航海する一つの大きな原動力になっていたわけですね。

その当時、東洋は、「インド」という呼称《こしょう》の中に通称《つうしょう》的に包括《ほうかつ》されて知られておりましたから、コロンブスが島影《しまかげ》を見た時に、「これはまさに東洋へ来た」「これでインドへ来た」「これが日本だ」と思った島が、最初に発見した島である。それは、キューバとドミニカ共和国のあるイスパニョラ島との中間あたりにあるサン・サルバドルという島でありますが、「これが日本だ」というわけで、それを「インドへ来た」という意味で、そこらあたりに「西インド諸島」という名前がつけてある、あの地方でありますね。そして非常に喜んだ。それから二回、三回、四回と繰《く》り返しその発見旅行を試みて、南米の北端《ほくたん》にコロンビアという共和国があるが、あのあたりにも上陸して、実際に大陸に足を踏《ふ》み入れているのです。そして、見事にアメリカ大陸を発見するわけですね。しかし、コロンブスは目的の日本へ来たわけじゃなかったのです。その時、日本というところへ行こうというそういう目的と、実際に達成した地域とは異なっていた。その場合に「日本は開かれたのであるか、開かれなかったか」というと、「日本は開かれていない」と判断せざるを得ないですね。実際に「日本が開かれる」には、やはり日本に来て「日本という国はこういうところである」と、日本というものが多くの世界の人々《ひとびと》に明確に知られることがなければ開かれていないわけで、名前と実体が違《ちが》うところをウロウロしていたんでは、まだ開かれていないという他はない。

だから名前が隠《かく》されてある場合、「生長の家」の会ではなく別のどこかへ行って、そこで「良い話があった」というのでは、まだ生長の家は「開かれていない」のであります。「生長の家へ来たのである」ということが分って初めて「開かれる」ことになるわけだから、とにかく「生長の家」ということを皆《みな》さん方によくお分りいただくことが非常に大切である。中身だけが分るというんじゃないですよ、中身は一口には言い難《がた》いのです。「これをやったら病気が治る」とかいう教えは沢《たく》山《さん》ある。「これをやったら勉強が良くできる」というのも、塾《じゅく》などはみなそうですから、いくらでもある、そういう中身の話だけじゃないのです。その中身がもっと、「神様の話」「神様の世界の話」「〝人間は死なないのである〟という信仰《しんこう》の話」になってこないと、「生長の家が開かれていない」といって差し支えないわけですね。そんなわけで、「開かれる」ということは中身だけが公開されて、どこのレッテルになっているか分らないということではない。「とにかく良い話だった」ということでは、ちっとも開かれていないのであります。

現在日本では、いろいろ良いことを言う人は沢山いるのであります。先ほども結《けっ》婚《こん》式へ行ったら、「親に孝行せよ」とか「夫婦仲良くやれ」とか言っていて、みんな「生長の家」と「同じこと」を言っているようであったというお話もありましたが、それで「生長の家」が知られているかというと、知られていないのですね。彼《かれ》らは知らないのです。まだ知らない人に知らせるには、「生長の家」ということが言葉で出てこないといけない。中身だけが伝わっているといっても、その中身は実に中《ちゅう》途半端《とはんぱ》なものである。ただ単に「幸せになれる」とか「学校の成績が良くなる」「模範《もはん》生ができる」とかいうだけの話である。そういう意味で、その中心点の肝腎《かんじん》なところが開かれてこないと、本当に「開かれた」ことにはならない。昔は「名前を隠《かく》しておかないと公民館が借りられない」とかいっていたけれども、今はそういう時代ではないのです。そのことを認識していただかないといけない。そして、現在、最も大切にすべきことは、先ほども言いましたように「生長の家が神様の世界のことを言っているのである」ということであって、このことを幹部一同が本当に心から認識して運動していただきたいのです。そうしないで、できるだけ「生長の家」と言わないで、中身の〝病気の治るところ〟や〝成績が良くなるところ〟だけを伝えて、別の名前で運動をしていたり話をしているというのでは、ちっとも「開かれていない」ということを知っていただきたいと思うのであります。

「開かれる」ということは、いろいろな意味がありますね。「レッテルが何もなくても――レッテルと言ったら悪いが――中身が伝わるから、それでいいじゃないか」というかもしれないが、人間の本当の幸せというのは「神様がすべてのすべてである」ということを知ることなのです。おカゲが出てくることではない。神が全てであるということである。これはなるべく若いうちから知らなければいけないのですね。ことに子供のうちから神様のことが分らないといけない。何でも教育というのは、子供の時からやるのが一番よろしい。従って神様のことをいつまでも言わないで、「生長の家」の「せ」の字も言わないようなことでやっていたんでは、本当の教育にならない。学校の成績が上がるだけで満足しているのではいけません。「本当の人間というのは、永遠に死なない、無限の力をもった神の子である」ということが分らないといけない。それを「生長の家」という素晴しい言葉でもって開示されたのが谷口雅春先生である。だから、なにを第一にし、なにを第二、第三にもっていくかという〝順序〟を過《あやま》ってはいけないということができるのであります。

「開かれた日本」・「開かれた生長の家」

日本も〝開かれた国〟となるかならないかの問題で、現在いろいろ悩《なや》んでいる最中であるが、日本の場合は「開国」ということが行われてきたですね。開国された時はじめて日本が開かれたのであるが、これは、やはり日本という国が良く知られた時に日本が開かれたのであって、日本を知らないで、或《ある》いはどこか別の外国へ行って「ここが日本だ」と思っていたのでは、開かれたことにならないし、日本へ来ても「ここはインドだ」と思っておったら、日本は開かれていないということを充分《じゅうぶん》知る必要がありますね。

そんなわけで、いま日本は開かれて自由に貿易ができ、情報の交換《こうかん》ができ、あらゆる人材が交流するという時代になろうとしている。その素晴しさがよく分らないで、やはり鎖国《さこく》状態を一部でもとどめておきたいと考えている人が、まだまだ日本には沢山《たくさん》いるということは、皆《みな》さんもご存じの通りであります。そういう時には、本当の意味で「開かれた日本」にして行く必要があるのです。もちろん、多少不便なところもでてくるかも知れません。たとえば、日本に外国の良いものが入ってきたりして、その売行きの方が良くなるとかして、日本の産業の一部が多少圧迫《あっぱく》を受けるなど、いろいろな問題が出てくるかもしれないが、しかし、そういう一時的な不便は、これを乗り越《こ》えていく努力をしていかなければならないのです。ただ単に門戸を閉ざして〝半鎖国〟みたいなことをして一時しのぎをするという、一時的方便の乗り切りようではダメなんですね。

我々《われわれ》が生長の家の運動をやる時にも、一時的に具合いが悪いといって断わられることがあっても、それを何か他の名前をかくす方便で切り抜《ぬ》けていくというような、姑息《こそく》な手段をとることは、もうやめましょうというのが「開かれた運動」のやり方なのであります。それは、そういうふうなやり方の中で、私達はもっともっと人間の本当の素晴しさを開発していくことができるからであります。

たとえば外国の何かが入ってくることによって、我々《われわれ》の国の産業はより一層刺激《しげき》を受け、工夫を凝《こ》らし努力をして、もっと良いものを造っていこうということになる。すると、そこには発展があって、それが却《かえ》って日本の将来の足腰《あしこし》を鍛《きた》えていく。ただそれを保護してしまって外国をよせつけないだけでは、一時的にはそれで良いかもしれないが、長い目でみると、やはり鎖国《さこく》状態のためひよわな国になってしまうのです。

先ほども言いましたが、北朝鮮《きたちょうせん》やら、或《ある》いは共産主義国で、ああいう問題が生じてくる主な原因は、そこが鎖国状態になっているからです。半鎖国状態といっていいが、情報や人間の交流が充分《じゅうぶん》行われない。そういう状態の時には、国でも人でも、やはりそこに不完全な燃焼状態が現われてきて、目的のために手段を選ばず、「国を愛するところの、南北統一の一方法である」なんて考えて、ああいう爆破《ばくは》活動に従事する人も出てくるんですね。だから、とにかく開いて、いろいろなところへ内情を知らせてあげる。また、こちらも知るというようなことが極めて大切であると同時に、一番大切なことは、生長の家が、まず「神様の世界の運動」であり、そのことを「生長の家」という言葉がはっきり表わしているということを、我々《われわれ》一同がさらに一層、魂《たましい》の奥底《おくそこ》深く認識して運動していくことであると思うのです。

こうしたことによって正しい運動は益々《ますます》激しく展開し、日本、全世界、或《ある》いは生類、ありとしあらゆるものの実相の秩序《ちつじょ》が打ち立てられていくというふうに考える次第であります。今後の運動をかくの如《ごと》くして、明るく正々堂々《せいせいどうどう》たるものにしていただきたいと切実に思うのであります。

〈注〉

出典は、『生長の家相愛会』一九八八年新版準備号、四〜一五頁から。一九八八年二月二十九日／全国代表者会議「ご結語」。

1　新教連は現在、生長の家の関係団体ではなくなり、生長の家の信仰をもった教職者の組織は生長の家教職員会（生教会）として運動をしている。

多様な旋律《せんりつ》の調和を求めて

谷口雅宣

谷口清超先生は、贈《おく》り名を「実相《じっそう》無相《むそう》光明宮《こうみょうぐう》弘誓《ぐぜい》通達《つうだつ》大慈意《だいじい》大聖師《だいせいし》」と申し上げます。これには結構、難しい漢字が使ってありますので、皆《みな》さんも「何じゃ？」と思われたかもしれません。少し説明をさせてください。漢字でどう表記するかは、本日お渡《わた》ししたリーフレットに書いてある通りであります。「弘誓《ぐぜい》」と申しますのは、『法華経《ほけきょう》』の「観世音《かんぜおん》菩薩《ぼさつ》普門品《ふもんぼん》」に出てくる言葉から取っておりましてね。「弘」は、弘法《こうぼう》大師の「弘」でありますから、広めるという意味です。「法」——つまり、真理を広めるのが「弘法」であります。「弘誓」というのは、したがって「真理や教えを広める」ための「誓願《せいがん》」を指すわけです。生長の家総本山へ行きますと、「誓願券」というものを書いて提出しますが、それと同じ意味であります。「この素晴らしい真理を必ず全世界に伝えよう」――そういう伝道の誓《ちか》いのことを「誓願《せいがん》」といいます。その誓いの心が広大であるのが「弘誓《ぐぜい》」です。しかもそれが「通達《つうだつ》」している。これは、国の官僚《かんりょう》機構などが下部機関に出す「通達《つうたつ》」とは意味が違《ちが》いまして、「徹底《てってい》している」ということです。つまり、「み教えを伝えずにはおかないという誓願が徹底している」。そして、「大慈意《だいじい》」というのは「大いなる慈悲《じひ》の心」であります。そういう慈愛《じあい》をもって、み教えを伝えるとの誓願を徹底して実行された――清超先生は、そういうご生涯《しょうがい》を送られたと思うのです。

　お経からの引用は、間違《まちが》わないようにメモを持ってきましたので、申し上げます。『法華経《ほけきょう》』の観世音菩薩普門品《かんぜおんぼさつふもんぼん》には、「弘誓の深きこと海の如《ごと》し」（弘誓深如海）とあります。観世音菩薩の御徳《おんとく》はたくさんございますが、その一つの表現としてこう書かれているのです。観世音菩薩は「弘誓の深きこと海の如し」です。それから、「大慈意」というところですが、これも同じ普門品に「慈意の妙《たえ》なる大雲《だいうん》、甘露《かんろ》の法雨を澍《そそ》ぎ、煩悩《ぼんのう》の焔《ほのお》を滅除《めつじょ》す」（慈意妙大雲　澍甘露法雨　滅除煩悩焔）とあります。これも観世音菩薩《かんぜおんぼさつ》の誓願《せいがん》の一つであります。ここでは、私たち人間の煩悩を炎《ほのお》に喩《たと》えてありまして、観世音菩薩は今日の雨のように、「真理の言葉を雨降らして、われわれの煩悩を滅除する」との願いも持たれているということです。谷口清超先生はこの言葉のごとく、どんなに煩悩のある人でも、また無い人でも、分け隔《へだ》てなく、講習会などを通して真理を宣布され続けてきた。そういう意味をもったお名前なのであります。

　それから、私が先ほど読み上げた祭文の中にも出てまいりましたが、先生は、数々《かずかず》の素晴らしい聖歌を作詞・作曲してくださいました。先生の音楽に関するご文章というのはあまり数が多くないのですが、昭和五十八年にご自分の音楽に対する考え方を話されているインタビュー記事〈『音楽を愛する人のために』（『追《つい》憶《おく》』――合唱曲と器楽曲――添付《てんぷ》冊子、世界聖典普及協会編）〉がありますので、そこから少し引用して皆《みな》さんにお伝えしましょう。

清超先生が裁判所の判事の家に生まれたということは皆さんもご存じだと思いますが、先生が音楽に触《ふ》れられたのは、その家にオルガンがあって、小学四年の頃《ころ》、初めてそのオルガンに触れられたようです。別に習ったわけでもないのですが……。そして、小学生時代は合唱をされていたようです。その時に、美しいボーイ・ソプラノを発声されていて、学校の先生に褒《ほ》められたということがその記事に載《の》っていました。その後、バイオリンを独学で学ばれて、その次はギターも独学で勉強される。これは多分、ティーンエイジャーの頃《ころ》のことだろうと思います。それから、生長の家に入られてからは忙《いそが》しく飛び回っていらっしゃいましたから、しばらく音楽は聴《き》くだけではなかったかと想像します。けれども、六十歳、七十歳くらいになってピアノを始められ、それからさらに電子オルガンを演奏されるようになって、作曲も手掛《てが》けられたということです。

インタビューアーが先生に質問している言葉で、こういうのがあります。それは、プロならともかく普通《ふつう》、アマチュアの人はそんなに楽器を替《か》えないけれども、先生はどうして楽器を替えてこられたかという疑問です。それに答えられているところを引用しましょう。

谷口―― やっぱり、あの和音の美しさが、ああいう弦《げん》楽器ではなかなか出ないでしょう。それに僕《ぼく》はギターをいじくっていた頃《ころ》に、ギターの和音というのがね、非常に不自由だということを痛感しましてね。それでギターの和音には無理があるし、それにギターというのは調子がやっぱり片寄るんですね。弾《ひ》きやすい調子と、弾きにくい調子があって……。その点、ピアノやオルガンは、和音の作り方はどんな調子でも自由自在でしょう。おまけにオルガンときたら足まで使うから、非常に複雑な和音ができるんで……。

そういうわけで、先生は、一つの楽器の奏でる旋律《せんりつ》の美しさに感動して音楽の道に入られ、その後、和音の美しさに惹《ひ》かれる。そういう変化は、私の想像するところ、多分お立場が変わってきた。つまり、生長の家副総裁として、多くの人々《ひとびと》を糾合《きゅうごう》して一つの目的のために進んでいくというお立場になられたことと関係していると思います。人間の生き方を旋律に喩《たと》えれば、宗教運動では旋律が一つだけではなく、幹部・信徒それぞれが奏でるたくさんの旋律が〝和音〟として調和することが希求される。先生は、それを実現しようとされた。当時、先生は生長の家副総裁でありましたから、多くの人々や組織のそれぞれの特徴《とくちょう》を生かした調和した運動を実現しようと努力されてきたということが分かるのです。ピアノやオルガンを弾《ひ》いたり、また作曲をしながら、先生は音楽のことだけを考えておられたのではなく、現実生活の一種の〝演習〟をやっておられたのだと思います。ですから、先生の作られた聖歌というのは、やはり「和音」が複雑でありながら、何ともいえなく美しい。

そして、この記事では、われわれにとって大変興味のある質問をインタビューアーがしています。それは先生に対して、「〝生長の家的〟な音楽というものはあるのでしょうか？」という質問をされたのです。それに対するお答えは大変示唆《しさ》に富んでおりますので、これもご紹介《しょうかい》しましょう。

谷口――「生長の家」というのは、要するにすべてがそこに入ってないと本当の「生長の家」って言えないんじゃないかな。一部分だけ取り出して「生長の家はこれだ」ってわけにいかんと思うんですね、大抵《たいてい》の人はそう思ってるけどね……。宗教の中でも〝右翼《うよく》的宗教〟だなんて思ってたりして……。そんなもんじゃないんだな。そこにすべてがあるところの〝霊的《れいてき》大宇宙〟が生長の家だからね、だからそういう点で、チャイコフスキーも、ストラビンスキーもいいですね。それから僕《ぼく》は、ポップスやらジャズの中にとてもいいのがあると思うんですねぇ。ことに最近の音楽はね、一つの可能性があるのは、アドリブが多いでしょう。あれがいいと思うんですね。非常に自由でしょう。そういう所にちょっと魅力《みりょく》を感じてますね。

つまり清超先生は、音楽ではすべてが「よろしい」ということを仰《おっしゃ》ったのです。あらゆる多様なものが出てきて調和していくのが実相世界の姿であるから、先生は音楽以外のことでも、それを求めて生きてこられた。ですから、昭和五十八年のこのインタビューの二年後に谷口雅春先生が亡くなられて、雅春先生の「追善供養祭」が執《と》り行われた時――ちょうど、今日のような場ですが――清超先生は、雅春先生もそういう方だったと讃仰《さんぎょう》されているのであります。その時の先生のお言葉を引用します。

皆《みな》さん、（雅春）先生は周知の如《ごと》く空前絶後の愛国者でいらっしゃいました。しかしそれと同時に、天皇陛下のあの無私の御《ご》愛念を、そのまま宣布し且《か》つ実践《じっせん》なさいまして、全ての人と物を生かす運動を展開せられたお方であります。勿論《もちろん》日本も生かし、それと同時に人類をも生かし、人類ばかりじゃなく、凡《あら》ゆる生きとし生けるもの、山川草木国土ことごとくを仏として礼拝《らいはい》し、その実相を顕《あら》わし出そうと精進せられたお方であります。それ故、私達はこの生長の家の大真理を、全人類に向かって宣布する使命を戴《いただ》いたことを、誠に幸せであると思うものであります。

ですから、生長の家の運動は、日本ばかりでなく世界を視野に入れ、さらに人類をも超《こ》えて、生類すべてを生かす――実相世界の反映として、万物調和のすがたを現象界に持ちきたすという願いを、谷口雅春先生から引き継《つ》いでいることを、ぜひこの場で確認していただきたいと思うのです。実相世界の真実在のすべてを、この地上に現すのがわれわれの運動なのです。そういう大事業は、すぐにはできない。ですから、長い時間がかかってもよろしいのです。私たちは何回でも生まれ変わって、それをいろいろな立場において実現していくということを今、決意したいと思うのであります。

　この実相世界のすべての存在を現すためには、やはり「自由」がないとできないのであります。それは、われわれの周りにある自然界を観察してみれば分かります。たくさんの生命が――植物も動物も菌類《きんるい》も、皆《みな》それぞれの特徴《とくちょう》をもった自由な形態と自由な生き方をしながら、お互《たが》いに共存共栄している。現象としても、そのことは理解できるのであります。われわれはそれをさらに、実相のより明らかな表現として展開していくのです。そうであるならば、宗教とは人間をある一定の型にはめて、他のことは排除《はいじょ》するという形で、その〝枠《わく》〟の中に信仰《しんこう》を限定するものだという考えが一部にはあるようですが、少なくとも生長の家はそれとは全く違《ちが》うのであります。人々《ひとびと》の自由が生み出した多様性というものが、調和した形で現れてくるのが理想なのであります。そういうわけで、「自由主義」というと語弊《ごへい》がありますけれども、皆《みな》様方にも、この「宗教的な自由主義」の考え方をぜひ理解していただきたいと思います。

〈注〉

出典は、生長の家監修『真・善・美を生きて』一〇～一三頁から。二〇〇八年十二月十七日／故生長の家総裁谷口清超先生追善供養祭での言葉（抜粋）。

生長の家における儀式《ぎしき》の基本的な考え方

「生長の家における儀式の基本的考え方」は祭式・作法について述べるものではあっても、「祭式・作法」そのものではありません。「形」については述べてはいますが、一定の決められた「形」を指して言うのではありません。それはわが国を初め、世界各国の文化圏《けん》において行われる生長の家の「儀式」を、各国の実情に適合した形で考案するときに必要な、基本となる「考え方」です。

この「考え方」は、谷口雅春先生の著書『神の真義とその理解』にある次のようなご文章に表現されています――

元来、生長の家には、冠婚葬祭《かんこんそうさい》その他、色々《いろいろ》の人生に於《お》ける儀式には生長の家式と云《い》う型がないのであります。それは生長の家が空っぽであり、能《よ》くものを容《い》るる所以《ゆえん》であり、各人の祖先を崇拝《すうはい》、祖先の宗教遺風を顕彰《けんしょう》するのが生長の家の教《おしえ》でありますから、祖先の遺風を捨てせしめず、生長の家独特のものを主張しないところに特色があるのであります。祖先崇拝の遺風を顕彰せんが為《ため》に、生長の家誌友《しゆう》たるものは、祖先の信じておった宗教の儀礼《ぎれい》に随《したが》って、冠婚葬祭《かんこんそうさい》等は行うべしとしたのであります。これは「教義なき教義」と等しく「儀式《ぎしき》なき儀式」に当るのでありますが、併《しか》し、祖先と云うものがない人が中にはある。先刻申しました様に、孤児《こじ》とか捨子とかで自分の親が何の宗派であったか知らぬ、自分には在来の宗教がないし、自分は生長の家に入って救われたのだから、死んだ時にも生長の家で葬式《そうしき》して欲しいと云う人もなきにしもあらずですから、そういう人の為には嘗《かつ》て『生命の藝術《げいじゅつ》』と云う雑誌に発表された事もあり、霊《れい》を悟《さと》りに導く「久遠いのちの歌」と云うのもあり、聖経『甘露《かんろ》の法雨』『天使の言葉』等と云《い》う詩もありますから、文部省の係官の希望によって、それを書いたのです。

第一義の神の祭祀《さいし》における「儀式《ぎしき》」の二つの要素

儀式というものは種々《しゅじゅ》の構成要素から成り立っていますが、「生長の家における儀式の基本的考え方」では、論旨《ろんし》をわかりやすくするために、儀式を「心的要素」と「形式的要素」の二つに分けて考えます。

「心的要素」とは、「信仰《しんこう》」「祀《まつ》る心」「祈《いの》る心」などで、世界各国の文化圏《けん》の人々《ひとびと》の間で等しく把持《はじ》できる普遍《ふへん》性のある要素です。例えば、英語圏の国でみ教えを正しく理解させることができれば、第一義の神を祀る「儀式」において、生長の家の招神歌《かみよびうた》を英語で唱え、第一義の神へ呼びかける言葉を唱え、英文の聖経『甘露の法雨』を読誦《どくじゅ》しても、それが受け入れられる普遍性があると考えます。しかし例えば、招神歌《かみよびうた》を唱えるとき、日本語のままで節をつけて唱える「形式」をとりますと、それは外国ですぐに理解されるとは限りません。

　第一義の神を祀《まつ》ること自体には普遍《ふへん》性があっても、その心的要素が外界に現われ、具体的な祈《いの》りの仕方などの「形式」となったものは、異文化圏《けん》の人々《ひとびと》の間に受け入れられるとは限りません。なぜなら、祈り方とか祈りの動作等の「形式」は、世界の各国の人々の慣習や伝統によって異なるからです。日本で考案した「祈りの形式」が、海外の地でそのまま受け入れられる保証はありません。つまり、儀《ぎ》式《しき》の「形式的要素」には普遍性がないと考えることができます。例えば、長い年月にわたってキリスト教の影響《えいきょう》をうけて発展してきた外国の都市で、日本文化にうとい人々を集めて第一義の神を祭祀《さいし》する場合、何の説明もなしに日本の神道に則った「礼式・作法」で行ったならば、おそらく参加者たちの大半は〝拒否《きょひ》反応〟を起こすでしょう。これは第一義の神の祭祀であっても、儀式の「形」そのものには普遍《ふへん》性がないからです。
以上のことを図式的にまとめると、次のようになります。

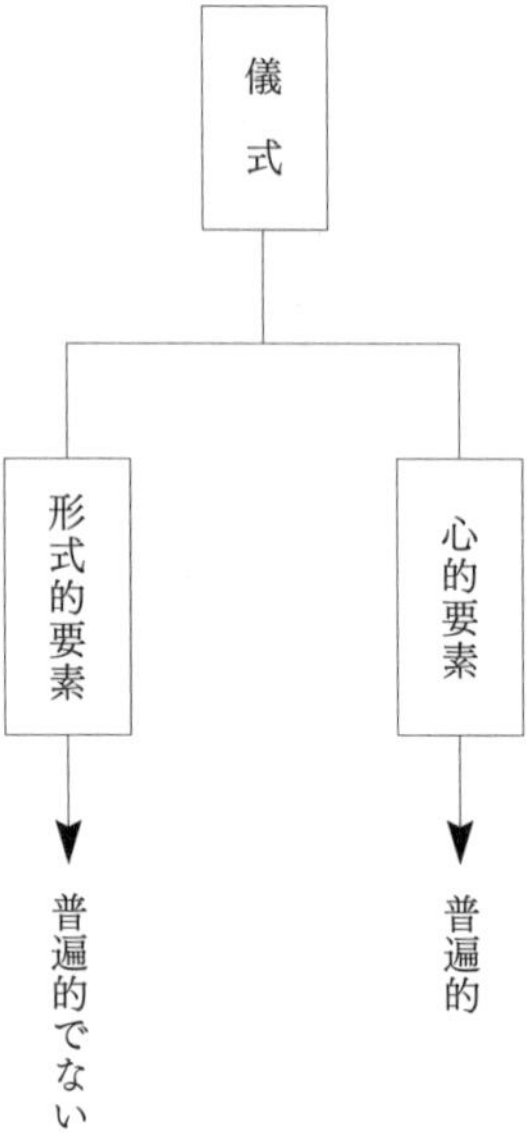

第一義の神の祭祀《さいし》における「基本的な考え方」

第一義の神を祭祀する際の「心的要素」には、普遍性があります。したがって、「聖経読誦《どくじゅ》」や「実相礼拝《らいはい》」という儀式《ぎしき》の心的要素には、普遍《ふへん》性があるはずです。即《すなわ》ち、み教えが正しく伝えられて第一義の神が把握《はあく》できていれば、たとえ世界のどんな国の人々《ひとびと》でも、この第一義の神に対する「信仰《しんこう》」「祀《まつ》る心」「祈《いの》る心」は、相互《そうご》に理解できて共通しているものと考えます。例えば、現地語に翻訳《ほんやく》された聖経『甘《かん》露《ろ》の法雨』の読誦は、第一義の神を祀る心を培《つちか》うという意味で、普遍性があります。

したがって、例えば「実相礼拝」の場合、み教えによって第一義の神を把握し、「実相」を礼拝する意義を理解し、実際の儀式において「実相礼拝」を行なうこと自体には普遍性があり、全ての国の人々から受け入れられると考えます。しかし、具体的な礼拝の方法となりますと、例えば「正座して威儀《いぎ》をただし、二拝、二拍《はく》手《しゅ》、一揖《いちゆう》する」という形式的要素は、異文化圏《けん》の人々にはすぐには馴染《なじ》めないところがあるでしょう。だから、そのような国での布教では、実相世界の中心帰一の秩序《ちつじょ》を形にあらわすように留意しながら、その国の社会の文化や習慣を考慮《こうりょ》して礼拝《らいはい》の仕方を考案する必要があります。これには、海外の当該《とうがい》現地からの情報や資料を幅広《はばひろ》く入手して検討するだけでなく、現地の人々《ひとびと》の意見や考えをよく聞いて検討しなければなりません。

〈注〉
本文は、一九九四年（平成6）四月五日の生長の家理事会で決定された文章を、分かりやすく書き直したものである。

七重塔《しちじゅうのとう》は実相の表現

谷口雅宣

七重塔が意味するもの

昭和七年七月七日に雅春先生に神示が下されて、それが「万教《ばんきょう》包容の神示」であるということは大きな意味があります。私たちもそのことを重く見て、この日に〝森の中のオフィス〟の落慶《らっけい》式を行ったのが二年前でありました。

その時に、「七」という数字にちなんで七重塔を建てました。今、皆《みな》さんの前で除幕をした塔《とう》は、三つ並んでいるので三基目のように見えますが、実際は五基目であります。それより先に、東京の原宿と赤坂に設けた〝いのちの樹林〟にも、同じ七重塔が設置されました。こうして、この塔は今後、だんだん日本国内や海外にも広がっていく——そういう計画があるので、七重塔の意義をぜひ知っていただきたい。そんなわけで、今日はここに落慶《らっけい》式の時に配られたパンフレットを持ってきました。ここに七重塔《しちじゅうのとう》の意義が簡単にまとめてありますが、それに多少補足しながら解説しましょう。

まず「七」というのは――今日は火曜日ですが、七日後にはまた火曜日になります。そうですね？　つまり、一週間は七つの日で構成されている。これは、洋の東西に共通しています。我々《われわれ》は、七日経つとすべての日を経験するということです。だから、「七」という数字には「すべて」とか「完成する」という意味があります。それは、聖書の『創世記』の天地創造の話とも関係します。それによると、神様は六日間で天地を創造されて七日目は休まれた。この七日目は、ユダヤ＝キリスト教の文化圏《けん》では「安息日《あんそくび》」ということになっていて、これは守らないといけない。七日たつと、物事は新しく始まるのである。あるものが完結して、新しい日が始まる――そういう習慣が世界的に行われていることに気がついてください。

東洋でも「七」は特別な意味をもっています。先ほど『観世音《かんぜおん》菩薩《ぼさつ》讃歌《さんか》』を皆《みな》さんと一緒《いっしょ》に読みましたが、観世音菩薩は「三十三身」に身を変じて我々《われわれ》を救いたまうといいます。そのときの「三十三」という数字は、数学上の数ではなくて、「あらゆる」という意味だということが、雅春先生の「観世音菩薩を称《たた》うる祈《いの》り」の中にはっきりと書かれていました。観世音菩薩には、それとはまた別の呼び方として、「七観音《しちかんのん》」というのがあります。観世音菩薩の特徴《とくちょう》的な働きを、名前をつけて表すものが七つあって、七つで全部だということですね。だから、この場合も「七」は完全や完成を指すことになりますね。

儒教《じゅきょう》の世界では、「七教《しちきょう》」という呼び方があります。人の守るべき教えが七つあって、それで全部であるということです。それから、「七経《しちけい》」という言葉もあります。これは七つのお経ですね。儒教の教えを説いた主要な経典が全部で七つある。だから、七つで全部だという言い方ができると思います。また、仏教では、「七大《しちだい》」

という考え方があります。これは、宇宙にあるすべてのもの、人間の心も含《ふく》めたすべてのものを七つに分けて考えるのです。だから、「七」という数字は、ここでも単なる数ではなくて、「すべて」であって「完成」であるということが言えます。また、「七賢《しちけん》」という言葉もありますね。これは、周の時代の中国の賢人《けんじん》が全部で七人いたということであります。そのこととの関連で、山梨県の日本酒の銘柄《めいがら》に「七賢」というのがありますが、その名前の由来は、この中国の七賢人《しちけんじん》から来たということに気がついてください。

このように考えると、「七」という数字は「すべて」と「完成」を意味していることが分かります。そういう理解に立って七重塔《しちじゅうのとう》を見ていただきますと、その意義が一層明らかになってきます。それは、存在の「すべて」であって「完成している」のですから、実相のことです。「実相世界とは、神の創造のすべてであって、それはすでに完成している」というのが私たちの信仰《しんこう》の中心であります。だから、私たちが今、目前に見ているものは、実相世界を三次元の立体に〝翻訳《ほんやく》〟して表した特殊《とくしゅ》な建造物であるのです。

聖経『甘露《かんろ》の法雨』には、実相世界の描写《びょうしゃ》としてこう書いてあります。

神があらわるれば乃《すなわ》ち
善となり、
義となり、
慈悲《じひ》となり、
調和おのずから備わり、
一切の生物処《ところ》を得て争うものなく、
相食《あいは》むものなく、
病むものなく、

苦しむものなく、
乏《とぼ》しきものなし。

これは実相世界を質的に、また機能面から描《えが》いた一つの表現であります。すべてのものが互《たが》いに衝突《しょうとつ》することなく、調和しながら繁栄《はんえい》していることです。私たちは、それが神様の創造になる本当の世界だと考え、信仰《しんこう》しているのであります。これは、言葉による質的な表現ですが、それを形によって視覚的に、また構造的に表す方法があってもいいわけで、その一形態として七重塔《しちじゅうのとう》は造られました。

七重塔というのは仏教にもありますが、生長の家の七重塔はちょっと一番上の「相輪《そうりん》」の部分が「如意宝珠《にょいほうじゅ》」だけをいただく形になっていて、それが仏教の伝統的な形式とは多少違《ちが》うのでありますが、ほかは考え方が同じである。これは、七つのお社《やしろ》を「心柱《しんばしら》」という縦の中心線——これは鋼鉄の線でありますが、貫通《かんつう》している。言い換《か》えると、七つのお社《やしろ》がその中心線を共有しているため、遠くから見ると一つの塔《とう》に見えるというわけですね。ですから、このデザインは、「すべてのものが中心に帰一して調和している」ということを立体的に表現している。それは私たちにとって、実相世界の表現の一つとして見ることができるのです。

落慶《らっけい》記念のパンフレットには、この七つのお社のそれぞれが何を意味するかが書いてあります。それを申し上げますと、「七つの宗教」「七つの大陸」「七つの民族」「七つの文化」「七つの世代」「七つの生命」、そして「七つの拠点《きょてん》あるいは組織」というわけで、お社が象徴《しょうちょう》する分野の数も全部で七つになります。先ほども申しましたが、これらの「七」は数字の七ではない。「あらゆるもの」とか「完成」を意味する「七」です。ということになると、「七つの宗教」とは何でしょうか？これを世界の「七大宗教」だと考えると、キリスト教、イスラム教、仏教、ヒンドゥー教、神道、ゾロアスター教、ジャイナ教……などと数え上げると「七」をすぐ超《こ》えてしまう。そのほかの儒教《じゅきょう》や道教、シーク教などが漏《も》れてしまう。これはマズイことです。ですから、皆《みな》さんはくれぐれも「七」は数を表すのではないことを憶《おぼ》えておいてください。同じようにして「七つの大陸」という場合、「七」を数だと考えると漏れるものが多い。だいたい島国は含《ふく》まれないことになってしまう。そうすると、日本や東南アジア、ニュージーランドなどの多くの国々《くにぐに》が除かれてしまうことになる。これはそういう意味ではなくて、海面下にない、陸上のすべてが「七つの大陸」には含まれる。「地球上の陸地のすべて」という意味だと解《かい》釈《しゃく》してください。

同じようにして、「七つの民族」とは、すべての民族であり、「七つの文化」は人類の生み出したすべての文化です。また、「七つの世代」というのは分かりにくいですが、「世代」は時間的な流れの中で交代し継続《けいぞく》していきますから、「七つの世代」は「すべての世代」です。つまり、過去・現在・未来の世代すべてが含まれるので、結局「永遠に」という意味になりますね。特定の世代がその世代の中で調和しているのでは不十分で、現在の世代が未来の世代の利益を侵《おか》さない。世代間倫理《りんり》が永遠に守られる……という意味です。そして、「七つの生命」というのは、「すべての生命」です。人類だけでなく、動物も植物も菌類《きんるい》も……です。また組織・拠点《きょてん》ということを考えた場合にも、「すべての組織」の調和であり、「すべての拠点」が互《たが》いに与《あた》え合う関係にあるということです。偶然《ぐうぜん》かどうか分かりませんが、生長の家の運動に関連する用語に「七者」というのがあり、これは数字の「七」を指していますが、そういう意味に限定されてはいないということです。

　このように「七」の意味を理解していただきますと、この七重塔《しちじゅうのとう》に象徴《しょうちょう》されているのは、「すべての分野のすべてのもの」である。それらが、中心軸《じく》である心《しん》柱《ばしら》を共有してバランスよく調和した〝一体〟の姿を現している。「実相」を形に表すのは大変難しいのですが、これは実相の一表現とも言える。私は講習会の時に質問されて困るのは、「″実相″っていうのを私は見たことがないから、神想観《しんそうかん》の時に実相を想えと言われてもできません。実相とはどんなものですか？」という種類の質問なんです。しかし、この七重塔《しちじゅうのとう》ができたので、これを思い出していただくのも一つの方法です。これは外見的には七重塔だけれども、そこに象徴《しょうちょう》され、含《ふく》まれているすべてのものを理解して見た時には、それは実相世界の一つの表現であるということです。

さて、「万教《ばんきょう》包容・万教帰一《ばんきょうきいつ》」の考え方が七重塔に表現されていることはご理解いただいたと思います。すべての宗教の神髄《しんずい》が共通していることを私たちが認め、宗教や民族が調和した平和な世界を実現していくことが今、私たちの運動の中心の一つになっています。また同時に、人類相互《そうご》の平和だけでなく、自然界と人間との調和を実現しなければいけない。それは現在、人類の繁栄《はんえい》が自然界の脅威《きょうい》になっているからで、人間と自然の調和がなければ結局、世界に平和は来ない。このことも、皆《みな》さんはすでにご存じのとおりであります。

　この〝森の中のオフィス〟では毎日、本部講師（補）が『甘露《かんろ》の法雨』と『大《だい》自然讃歌《しぜんさんか》』『観世音菩薩讃歌《かんぜおんぼさつさんか》』を読誦《どくじゅ》して、人間と自然との調和による世界平和を祈願《きがん》していますが、この祈願を一年間行った後、使われた三つのお経が先ほど、七重塔《しちじゅうのとう》の基台に納められました。ですから、この塔《とう》は、単なる物質的石塔《せきとう》ではなくて、私たちの世界平和実現の祈願――宗教的に言えば「誓願《せいがん》」が込《こ》められた塔であるのです。


〈注〉

出典は、『生長の家』二〇一五年九月号、四～一五頁から。二〇一五年七月七日／万教包容の御祭での言葉（抜粋）。

第二章

教えの基本となる神示

谷口雅春先生に下された三十三の神示のうち、三十二の神示は『生長の家』誌上に発表されたが、「大和の国の神示」だけが『聖使命』紙に発表された。これらの神示を一冊にまとめて収録した書籍の中で、『新編　聖光録』（一九七九年、日本教文社刊）は旧漢字と歴史的仮名遣いで表記され、『御守護　神示集』（一九八一年、同社刊）は常用漢字と現代仮名遣いになっている。また、各神示の掲載の順番は、必ずしも啓示の順番と一致しない。本書の編集に当たっては、歴史性と読みやすさを重視して、文字遣いは『御守護　神示集』に従い、神示掲載の順番は、「大調和の神示」を除いて、啓示の日付の順番とした。

生長の家の食事

聖書に吾《われ》らが祭壇《さいだん》に対して供物《そなえもの》を献《けん》ずるに当っては、先《ま》ず兄弟と仲直りしなければならないと言うことが書いてある。吾《われ》らは食事をとるに当っても矢張《やは》りこれと同じことをしなければならないのである。何故《なぜ》なら食事は自己に宿《やど》る神に供《そな》え物《もの》を献《けん》ずる最も厳粛《げんしゅく》な儀式《ぎしき》であるからである。一椀《わん》を手にしては是《こ》れ今迄《いままで》過《あやま》ちて人に対して憎《にく》み怒《いか》りし自己の罪が神によって許されんがための供物《そなえもの》であると念《おも》いて食《しょく》せよ。二椀《わん》を手にしては是《こ》れすべての人の罪が神によりて許されんがための供物《そなえもの》であると念《おも》いて食《しょく》せよ。三椀《わん》を手にしては是《こ》れ神の護《まも》りによりて自己が再び隣人《りんじん》を憎《にく》み怒《いか》るの罪を犯《おか》さざらんが為《ため》の供物《そなえもの》であると念《おも》いて食《しょく》せよ。而《しか》して一杯《ぱい》の飲料を手にしてはすべての人の罪をこの水の如《ごと》く吾《わ》が心より洗い流して心にとどめざらんがための象徴《しるし》と思いて飲め。若《も》し病人にして医薬を服用する者あらんにはそれを四口《よくち》に分けて飲み、この同じ想念をなして飲めば病《やまい》必ず速《すみやか》に癒《い》えるのである。すべての他《た》の人の罪を恕《ゆる》すは、吾《われ》らの過《あやまち》をも亦大生命《まただいせいめい》なる神より恕《ゆる》されんがためである。若《も》し吾等《われら》が心を閉《と》じて他《た》を恕《ゆる》さなければ、大生命《だいせいめい》の癒能《いやすちから》もまた閉ざされて吾等《われら》に流れ入《い》ることは出来ないのである。

(昭和五年十一月四日神示)

〈注〉

初出:『生長の家』一九三一年(昭和6)一月号

完成《ななつ》の燈台《とうだい》の神示

時が来た。今すべての病人は起《た》つことが出来るのである。最早《もはや》、あなたにとって病気は存在しない時が来たのである。二千年前《ぜん》、キリストが『汝《なんじ》の信仰《しんこう》によって汝《なんじ》の信ずる如《ごと》くなれ』と言う唯《ただ》一語《ご》で、遠隔《えんかく》の地にいる病人を癒《い》やした其《そ》の真理が、すべての人類に開顕《かいけん》される時期が来たのである。『生長の家』を読み真理を知るだけで遠くにいて病気が治る事実を見よ。『生長の家』は今かの黙示録《もくしろく》が予言《よげん》した『完成《ななつ》の燈台《とうだい》』として人類の前に臨《のぞ》むのである。此《こ》の燈台《とうだい》より真理の光を受《う》くるものは、創世記《そうせいき》のエデンの楽園追放以後、人類を悩《なや》ましたところの『罪』と『病《やまい》』と『死』との三暗《さんあん》黒《こく》を消尽《しょうじん》するのである。光が近附《ちかづ》くときすべての暗黒は消える。『真理』が近づく時、すべての『迷《まよい》』が消える。『迷《まよい》』が消える時、『迷《まよい》』の産物なる『罪』と『病《やまい》』と『死』とは消える。疑わずに吾《わ》が光を受けよ。われは『完成《ななつ》の燈台《とうだい》』に燈《ひ》を点《てん》ずるものである。

（昭和六年一月十五日神示）

〈注〉

初出：『生長の家』一九三一年（昭和6）四月号

万教帰一《ばんきょうきいつ》の神示

われに姿かたちあるように言うものあれどわれは姿なきものである。われは道《ことば》である、われは霊性《れいせい》である、智慧《ちえ》である、愛である、生命《せいめい》である、われは如来《にょらい》である、われは一つにして多《た》である。信仰《しんこう》深き諸方《しょほう》の霊覚者《れいかくしゃ》にわが神姿《しんし》を示《しめ》したることあれども、そはわが真《しん》の姿に非《あら》ず、見えたる神姿《しんし》は霊覚者《れいかくしゃ》の心識《しんしき》の所現《しょげん》にも非《あら》ず。そは、われ神通力《じんづうりき》によって、疑う者の蒙《もう》を啓《ひら》かんがために、異る場所と異る人とに同じき一定の神姿《しんし》を示《しめ》して、神の客観的《かっかんてき》存在を実証したに過ぎない。されど、本来われに一定の神姿《しんし》はない。如何《いか》なる姿も欲《おも》いのままに現《げん》ずることが自由である。されば、嘗《かつ》てわれ汝《なんじ》に告げたのである『吾《わ》れに神殿《しんでん》は不要である』と。われは神殿《しんでん》がないとて身《み》の入れ場所に困るような神ではない。供《そな》え物《もの》も要《い》らぬ。わが姿を見《み》んと欲《ねが》うものは『生長の家』を読め。われは言葉である。吾《わ》が言葉を盛る雑誌こそ吾《わ》が神殿《しんでん》である。この雑誌がひろがるのこそわが神殿《しんでん》の大きくなることである。われにすがた形はない。われは霊《れい》の海である。大海原《おおうなばら》である。すべての宗教《おしえ》流れ来《きた》りて吾《わ》れに入《い》らん。吾《わ》れは完成する者である。われは『七つの燈台《とうだい》』に燈《ひかり》を点《てん》ずる者である。古道《こどう》も、仏教も、キリスト教も、天理教《てんりきょう》も、金光教《こんこうきょう》も、黒住教《くろずみきょう》も、大本教《おおもときょう》も、すべての教我《おしえわれ》に流れ入《い》りて生命《せいめい》を得《え》ん。われは大《おおい》なるものなるかな。すべての教《おしえ》を呑吐《どんと》して、これに生命《せいめい》を与《あた》え、すべての相争《あいあらそ》う教《おしえ》をその真髄《しんずい》に於《おい》て握手《あくしゅ》せしめる。吾《わ》れはすべてを包容し、すべてに光を与《あた》え、すべてに栄養を与《あた》え、すべてを生かす地下水である。他《た》の如何《いか》なる宗教《おしえ》をも誹《そし》らず批《う》たず、常に讃頌《たたえごと》と、善《よ》き言葉とを雨ふらして、それを浄《きよ》めその真髄《しんずい》に燈《ともしび》を点《てん》ずる。あらゆる宗教《おしえ》がその真髄《しんずい》を礼拝《らいはい》して手をつなぐようにならねば此《こ》の現実世界の改造は完成せぬ。精神界が先《さ》きで現実界はその影《かげ》である。元乱《もとみだ》れて影完《かげまった》からず、宗教家よ、宗派争いをしている時ではない。

（昭和六年四月五日神示）

〈注〉

初出：『生長の家』一九三一年（昭和６）六月号

新天新地《しんてんしんち》の神示

見よ、われ既《すで》に天地を新たならしめたのである。人々《ひとびと》よ、眼《め》の蔽《おお》いをとれ、われは新しき智慧《ちえ》である。新しき生命《せいめい》である。新しき宇宙である。新しき光明である。われ臨《きた》って此《こ》の世界は既《すで》に変貌《へんぼう》したのである。既《すで》に信ずる者の暗黒は消え、醜汚《しゅうお》は滅《めっ》し、病いは癒《い》え、悲しみは慰《なぐさ》められ、苦しみは柔《やわ》らげられた。神秘を見て人々《ひとびと》よ、目覚めよ、覚めてわが新しき光に照らして存在の真実を見よ。われは存在の実相《じっそう》を照らし出す完成《ななっ》の燈台《とうだい》に燈《ひ》を点《てん》ずるものである。悲しみに泣き濡《ぬ》れた人々《ひとびと》よ。いま眼《め》を上げて吾《わ》が光を受けよ。汝《なんじ》の悲しみは喜びに変るであろう。病める者よ、いま病《やまい》の床《とこ》より起《た》ちて、わが生命《せいめい》を受けよ。われを拒《こば》むな。われを信ぜざる者は已《や》むを得《え》ぬ。われを信ずる者は黙坐《もくざ》してわれを念《ねん》じ、われに依《よ》り頼《たよ》れ。われ汝等《なんじら》に『神想観《しんそうかん》』と言う観行《かんぎょう》を教えたれば、それを為《な》せ。われに汲《く》むものは常に新しき力に涸《か》れないであろう。吾《われ》を呼ぶ者のもとに吾《わ》れは常にありて、汝《なんじ》らのために汝《なんじ》らの重きくびきを軽《かる》からしめる。なんじ一人ならば吾《わ》れを念《ねん》じて吾《わ》れとともに二人なりと思え。なんじら二人ならば、われを念《ねん》じて吾《わ》れと倶《とも》に三人なりと思え。悩《なや》める者よ、わが言葉を読めば苦しめる魂《たましい》も軽くなり、悲しめる魂《たましい》も慰《なぐさ》めを得《え》ん。そはわれは限りなき大愛《たいあい》であるからである。汝《なんじ》ら事《こと》にのぞんでわれを呼べば、自己の知らざる智慧《ちえ》の湧《わ》き出《い》ずるに驚《おどろ》くであろう。信ぜぬ者、呼ばぬ者は、不憫《ふびん》であるが助けようがないのである。汝《なんじ》の心の疑《うたがい》がわが救いの波長に合わないからである。遠くにいて救われている者もあるが、近くにいても救われぬ人もある。仕方のないことであるが不憫《ふびん》である。もっと兄弟たちに、『生長の家』を伝えよ。神の愛は貰《もら》い切りではならぬ。頂いたお蔭《かげ》を『私《わたくし》』しないで、神の人類光明化運動に協力せよ。『生長の家の神』と仮《か》りに呼ばしてあるが、『七つの燈《とう》台《だい》の点燈者《てんとうしゃ》』と呼んでも好《よ》い。七つの教えとイスラエルの十二の分派《わかれ》がわが教えで新しき生命《せいめい》を得《う》るのだ。わが教えはどんな宗派《しゅうは》をも排斥《はいせき》するような狭《せま》い宗教ではない。教えの太宗《もと》であるから宗教と言うのである。

（昭和六年五月六日神示）

〈注〉

初出：『生長の家』一九三一年（昭和6）七月号

〝心の法則〟と〝平和への道〟の神示

吾《わ》が来《きた》れるは古《いにし》え誤れる道徳観念を修正し、新しき正しき生き方を人類に示さんがためである。『治《ち》にいて乱《らん》を忘れず』と言うのが古き人類の道徳であったが、『生長の家』の生き方は乱《らん》にいて治《ち》を忘れざる生活である。乱《らん》を忘れざる者はついに乱《らん》に逢《あ》う。乱《らん》を忘れざるが故《ゆえ》に常に恐怖《きょうふ》し、乱《らん》を忘れざるが故《ゆえ》に武備《ぶび》をたくわえ、武備《ぶび》を蓄《たくわ》うるが故《ゆえ》に近隣《きんりん》を威脅《いきょう》し、近隣《きんりん》を威脅《いきょう》するがために、近隣《きんりん》また恐怖《きょうふ》して武備《ぶび》を増す。かくの如《ごと》くして近隣《きんりん》兵《へい》を増すを見て、また自国は更《さら》に兵を加えて互《たがい》に虎視眈々《こしたんたん》として近隣《きんりん》相睥《あいへい》睨《げい》す。武備《ぶび》に国費を要し、教育費は削《けず》られ、俸給《ほうきゅう》は縮《ちぢ》められ、民《たみ》に生色《せいしょく》なく、国に寧日《ねいじつ》なきは当然である。汝《なんじ》ら、若《も》し治《ち》にいて乱《らん》を忘れざらばついに乱《らん》に会い、乱《らん》にいて治《ち》を忘れざらば平和に逢《あ》わん。乱《らん》を忘れざるを教えたる古き教《おしえ》も吾前《わがまえ》には愚《おろ》かなる者なるかな。治《ち》にいて乱《らん》を忘れざる者は健康にいて病《やま》いを忘れざる者である。健康にいて病《やま》いを忘れざる者は、如何《いか》なる善行《ぜんぎょう》の者も、如何《いか》なる積徳《せきとく》の者も、すべて軈《やが》ては病《やま》いに逢《あ》わん。忘れずと言うことは、心の力にて呼び寄せることを意味する。求めよ、与《あた》えられん。呼べよ、答えんと吾《わ》れ汝《なんじ》に告げたであろう。呼ぶものは皆来《みなきた》ることを疑うな。高徳《こうとく》の人が病気になるのは実に不思議だと思う人があるかも知れぬが、治《ち》にいて乱《らん》を忘れざるを高徳《こうとく》と称《しょう》すべくんば、健康にいて病《やま》いを忘れざる高徳者《こうとくしゃ》が、病気になったとて不思議ではないのである。吾《わ》れは汝《なんじ》に、死を予想すなと言い、遺言状を書くなと教えたることがあろう。また、不幸に対して用意すな、病気の起る時の用意をして薬を携《たずさ》え歩むなと教えたことがあろう。すべて是《こ》れ『心の法則』である。如何《いか》なる高徳《こうとく》の者も『心の法則』の外に出ることは出来ぬ。汝《なんじ》ら心して乱《らん》を思うこと勿《なか》れ、心して病いを思うこと勿《なか》れ、乱《らん》の真《ま》っただ中《なか》にいてすらも、実相の世界の常住《じょうじゅう》平和を思え。汝《なんじ》ら真《しん》に実在世界の平和を思えば、汝《なんじ》の世界にも平和は来《きた》るのである。また汝《なんじ》ら病《やま》いの真《ま》っただ中《なか》にいてすらも、本当の汝《なんじ》の常住《じょうじゅう》健康を思え。汝《なんじ》ら真《しん》に実在の汝《なんじ》の健康を念《おも》えば健康は来《きた》るのである。されど悲しいかな、いま実在世界の常住《じょうじゅう》平和を知るものは寥々《りょうりょう》たる暁天《ぎょうてん》の星であるぞ。いま皆《みな》のものは一刻と雖《いえど》も乱《らん》を思わない時とてない。逆の精神波動が積り積って、汝《なんじ》らの世界はもう累卵《るいらん》の危《あや》ぶさである。近いうちに汝《なんじ》らの世界には一大変動が来《きた》るであろう。迷いの自壊《じかい》作用である。〇〇は〇〇

○と戦《たたか》わねばならぬ。神はその時の惨害《さんがい》を出来るだけ少《すく》くするように努力しているが、人間の方《ほう》でもその惨害《さんがい》を出来るだけ少《すく》くするように協力するよう頼《たの》む。協力と言うても何も難《むず》かしいことではない、乱《らん》の中《なか》にいても心の平和を失わぬ修行をすることである。そのためには常々《つねづね》神想観《しんそうかん》の修行をさしてある。

（昭和六年五月三十日夜神示）

〈注〉

初出は『生長の家』一九三一年（昭和6）八月号。神示中の「○○は○○○と戦わねばならぬ」の箇所は発表時から伏せられていた。伏せ字の内容が公表されたのは一九六〇年（昭和35）十二月号の『生長の家』誌上で、谷口雅春先生は、〈最初の「○○」は「日本」であり、後の「○○○」は「英米支」でありましたが、あまりに唐突であるのと、世間を騒がせてはならぬので伏せておいたのであります〉と記されている。

帰幽《きゆう》の神示

汝《なんじ》の肉体は汝《なんじ》の念絃の弾奏《だんそう》する曲譜である。生命《せいめい》が肉体に宿ると言うのは二元的な考え方であって真理ではない。正しく言えば生命《せいめい》はその念絃《ねんげん》の弾《だん》ずる曲譜《きょくふ》に従って肉体を現すのである。肉体と言い、複体《ふくたい》と言い、幽体《ゆうたい》と言い、霊体《れいたい》と言うはこれ悉《ことごと》く念《ねん》の映像に過ぎない、汝《なんじ》の念譜《ねんぷ》の種類に従って或《あるい》は肉体を現《げん》じ、或《あるい》は複体《ふくたい》を現《げん》じ、或《あるい》は幽体《ゆうたい》を現《げん》じ、或《あるい》は霊体《れいたい》を現《げん》ずる。すべての人はいつかは肉体を失うであろうが死ぬのではない。人は神の子であるから不死である。念譜《ねんぷ》の形式が変るに従って汝《なんじ》の仮有《けう》の形式が変るのである。すべての人の仮有《けう》は念《ねん》の異るに従って、その顕現《けんげん》を異《こと》にする。念《ねん》の形式に大変動を生《しょう》ずれば、汝《なんじ》の仮有《けう》は他界《たかい》に顕現《けんげん》し、今迄《いままで》の念《ねん》の顕現《けんげん》たる肉体は速《すみや》かに自壊自消《じかいじしょう》する。これを人々《ひとびと》は死と呼ぶが死ではない。それは『生命《せいめい》』が念《ねん》の絃《げん》をもって一曲を弾《だん》じ終ってそれを止《や》め、他《た》の奏曲《そうきょく》に移らんとするにも等しい。『生命《せいめい》』の弾《だん》ずる念《ねん》の曲譜《きょくふ》の形式に大変動を生《しょう》ぜず、その念絃《ねんげん》の律動《りつどう》にただ調和を欠《か》きたるのみなるを病《やまい》と言う。かくの如《ごと》き病《やまい》は、念絃《ねんげん》の律動《りつどう》の調子を直せば治るのである。併《しか》し如何《いか》にその念絃《ねんげん》の律動《りつどう》正しくとも初歩の一曲は必ず終って一層高き形式の曲譜を学ばねばならない。吾《わ》が言う意味は、地上の生活は必ず終らねばならないと言うことである。地上の生活は汝《なんじ》の初歩の一曲である。速《すみや》かにこれを終るものは、初歩の教本《きょうほん》を速《すみや》かに終えたものである。一曲が終らんとするを悲しむな。それはなお高き一曲に進まんがためである。その前に調律者《ちょうりつしゃ》が来て汝《なんじ》の念絃《ねんげん》の調子を正《ただ》すであろう。この調律《ちょうりつ》のために一時《いちじ》汝《なんじ》の仮有《けう》は調子ならぬ調子を奏《かな》でるであろう。此《こ》の世の一曲が終る前に肉体の調子が乱れたように見えるのは此調律《このちょうりつ》のためであって真《しん》に調子が乱れたのではない。汝《なんじ》らかくの如《ごと》くして次第に高き曲譜に進み行《ゆ》け。一曲は終るとも弾《ひ》き手《て》は終るのではない、弾《ひ》き手《て》は神の子であって不死であるぞ。

（昭和六年六月二十六日神示）

〈注〉

初出：『生長の家』一九三一年（昭和6）九月号

生死《せいし》の教《おしえ》

生死《せいし》はままならぬと言えども生死《せいし》は心のままである。兄弟を生かす心の者は生き、兄弟を殺す心の者は死す。殺すと言うても刀《かたな》で斬《き》ることではない。兄弟を生かす心のないものは殺しているのである。周囲の人々《ひとびと》の思《おも》わくを生かしてやるのは『兄弟を生かす』の最も大《だい》なるものである。自己の好まざる所を他《た》に転嫁《てんか》するは『兄弟を殺す』の最も大《だい》なるものである。周囲に痰《たん》を吐《は》き散らすな、紙屑《かみくず》を投げ捨てるな。これは物質のことでもあれど、物質のことだけではない。口角沫《こうかくあわ》を飛ばして兄弟を非難する者は兄弟の心に唾《つば》を吐《は》きかける者である。腹立ちを手紙に書いて送る者は兄弟の心に紙屑《かみくず》を投げる者である。かれは兄弟の心を言葉で殺し文字《もんじ》で殺す者である。兄弟の心を殺すよりも尚大《なおだい》なる殺しがある。汝《なんじ》の両親の思いやりを殺し、汝《なんじ》の主君《しゅくん》の思いやりを殺す者である。本当に汝《なんじ》が、心の殺人を止《や》めて感謝の心に充《み》たされるようになるまでは、心の波長が違《ちが》うから神の救いの霊波《れいは》は受けられぬ。

（昭和六年九月五日神示）

〈注〉

初出：『生長の家』一九三一年（昭和6）十一月号

〝最後の審判《しんぱん》〟に就《つ》いての神示

キリスト再び臨《きた》りて審判《さば》くとは今のことである。キリストとは肉体にあらず、『真理』である。キリストとは肉体にあらず、『光《ひかり》』である。肉体のわれの臨《きた》るを待ち望むな。吾《わ》れは既《すで》に此処《ここ》に臨《きた》れるに非《あら》ずや、吾《わ》れは道である、真理である、光である。『真理《われ》』来《きた》って虚妄《まよい》を審判《さば》き、『光《われ》』来《きた》って暗黒《やみ》を審判《さば》き、すべての虚妄《まよい》と暗黒《くらき》とを地獄《じごく》の火に投げ入れてこれを焼き滅《ほろ》ぼす。今こそ最後の審判《しんぱん》であると知れ。されど恐《おそ》るる勿《なか》れ、吾《わ》が宗教《おしえ》は恐《きょう》怖《ふ》の宗教《おしえ》にあらず。虚妄《まよい》を焼かるる者は却《かえ》って生き暗黒《やみ》を焼かるる者は却《かえ》って光をあらわさん。病いは癒《い》やされ、悩《なや》みは消えん。焼かるる者は

『汝《なんじ》』にあらずして、『虚妄《にせもの》の汝《なんじ》』であるからである。『虚妄《にせもの》の汝《なんじ》』は神より出《い》ずるにあらず、神より出《い》でざる汝《なんじ》は実在にあらず、実在に非《あらざ》る汝《なんじ》はその真相を暴露《ばくろ》して消滅《しょうめつ》せん。わが臨《きた》れるは『真《しん》』と『偽《ぎ》』と、『実在』と『虚《こ》妄《もう》』とを選《よ》り別《わ》けて、『偽《ぎ》』と『虚妄《こもう》』とを永久に非実在の中に葬《ほうむ》りて封印《ふういん》を施《ほどこ》さんがためである。

（昭和六年九月二十八日朝神示）

〈注〉

初出：『生長の家』一九三一年（昭和6）十二月号

信仰《しんこう》生活の神示

信仰《しんこう》生活とは無用意《むようい》の生活ではない。すべてに於《おい》て完全に用意されている生活である。凡《およ》そ信仰《しんこう》生活ほど完全に用意されている生活はない。それは心が完全に用意されているだけではなく、物質にも完全に用意されている生活である。物質は心の影《かげ》であるから心が完全に用意されているとき物質も必要に応じて完全に与《あた》えられるのである。家庭は一つの有機体《ゆうきたい》であるから、良人《おっと》が明日《あす》の用意をしないときには妻が明日《あす》の用意をするようになる。妻が明日《あす》の用意をしないときには良人《おっと》が明日《あす》の用意をする。右の手が利《き》かなくなったら左の手が利《き》くように成るのも同じことだ。それは自然の代償《だいしょう》作用でそう成るように計《はか》らいがあるのである。それは有難《ありがた》い自然の計らいであるから、夫婦互《たが》いに感謝するが好《よ》い。信仰《しんこう》生活とは明日《あす》の用意をしない生活だと思って、明日《あす》の用意をする配偶《つれあい》を信仰《しんこう》がないと思って夫婦が争っている信仰《しんこう》深い家庭があれどもみんな誤った信仰《しんこう》である。『明日《あす》のことを思い煩《わずら》うな』と言う意味は『明日《あす》の用意をするな』と言うことではない。信仰《しんこう》生活とは冬が来てから綿入《わたいれ》を縫《ぬ》えと言うような生活ではない。秋から冬に要《い》る綿入《わたいれ》を縫《ぬ》うて置いても、それは『取越苦労《とりこしくろう》』ではない。心が整えば秋から冬に要《い》るものがちゃんと判《わか》って、自然法爾《ひとりで》に其《そ》の要《い》る物を用意したくなるのである。自然法爾《ひとりで》と言うものは、外から自然に与《あた》えられることばかりではない、内から自然に催《もよお》して来るこころの中《うち》にも自然法爾《ひとりで》がある。心が乱れて病気になったとき心が調《ととの》えばその病気を治すに適当な食物《しょくもつ》が欲しくなるのも自然法爾《ひとりで》である。野の鳥も卵を産む前に自然に巣を造りたくなる。卵を産む前に巣を造っても小鳥は取越苦労《とりこしくろう》をしているのではない。『生長の家』の生活は物質に捉《とら》われない生活だと言っても、物質をきたながる生活ではない。金銭を穢《きたな》いもののように思ってそれを捨てねば気が安まらぬような心も物質に捉《とら》われているのである。物質は影《かげ》であるから綺麗《きれい》も穢《きたな》いもない。卵を産む前に小鳥が巣を造りたくなるように自然に用意したくなる時には内からの囁《ささや》きに導かれて好《よ》い、心が調《ととの》えばその心の展開として用意すべきものは適当の時に用意したくなる。すべて用意するものを信仰《しんこう》浅きものと思うな。用意しないで取越苦労《とりこしくろう》をしている生活もあれば、取越《とりこし》苦労《くろう》をしないで自然に用意している生活もある。

（昭和六年十二月五日神示）

〈注〉

初出：『生長の家』一九三二年（昭和7）二月号

声字即実相《しょうじそくじっそう》の神示

吾《わ》が第一の神殿《しんでん》は既《すで》に成《な》れり。名付《なづ》けて『生命《せいめい》の實相《じっそう》』と言う。完成《ななつ》の年になりて吾《わ》が第一の神殿《しんでん》が完成するのも生命《せいめい》の顕現《けんげん》には周期的波動があるからである。七つが事物の顕現《けんげん》の周期律《しゅうきりつ》になっている。吾《わ》れに神殿《しんでん》は不要であると嘗《かつ》て示したことがあろう。吾《わ》れは道《ことば》であるから、吾《わ》が道《ことば》を語るところに吾《わ》が神殿《しんでん》は築かれる。吾《わ》が道《ことば》を載《の》せた『生命《せいめい》の實相《じっそう》』こそ吾《わ》が神《しん》殿《でん》である。『生命《せいめい》の實相《じっそう》』は吾《わ》が本体であり、無形の『生命《せいめい》の実相』を形にあらわしたのが『生命《せいめい》の實相《じっそう》』の本である。『言葉』を載《の》せた書物を『本《ほん》』と言うのも、『言葉』こそ事物の本《もと》であり本質であり、本体であり、本物であるからである。『言葉の宇宙』が先《ま》ず出来て、『形の宇宙』がその映像《かげ》としてあらわれるのである。今迄《いままで》の宇宙は、『言葉』が実相を語らず、不調和で濁《にご》っていたから、宇宙の万物の運行が乱れて生活苦や、病気や、天災や戦争など色いろ不調和なことばかり起ったのである。『生命《せいめい》の實相《じっそう》』の本が出た以上は、言葉が実相を語り、善《よ》き円満な調和した言葉の『本《もと》』が調《ととの》うたのであるから今後何事も急転直下《きゅうてんちょっか》する。『生命《せいめい》の實相《じっそう》』を披《ひら》くだけで病念《びょうねん》は去り、煩悶《はんもん》は解決し、人々《ひとびと》ただ自己生命《せいめい》の実相《ほんとのすがた》を知り、歓喜《かんき》踊躍《ようやく》して手の舞《ま》い足の踏《ふ》む所を知らないに至《いた》る位《くらい》はその三番叟《ばそう》に過ぎない。その歓《よろこ》びの相《すがた》こそ人間の生命《せいめい》の実相である。吾《わ》が道《ことば》を『生命《せいめい》の実相』と呼ばしめ、それを本《ほん》の形にして、披《ひら》いて読むものにさせたのも象徴的《しょうちょうてき》因縁《いんねん》あることである。『生命《せいめい》の實相《じっそう》』を展開《ひら》けば形の理想世界が成就するのである。今は過渡《かと》時代であるから、仮相《かりのすがた》の自壊《じかい》作用として色々《いろいろ》の出来事が突発《とっぱつ》する。日支《にっし》の戦いはその序幕である。神が戦《たたか》いをさせているのではない。迷いと迷いと相搏《あいう》って自壊《じかい》するのだ。まだまだ烈《はげ》しいことが今後起るであろうともそれは迷いのケミカライゼーションであるから生命《せいめい》の実相をしっかり握《にぎ》って神に委《まか》せているものは何も恐《おそ》るる所はない。

（昭和七年一月十一日神示）

〈注〉

初出：『生長の家』一九三二年（昭和7）三月号

上求菩提《じょうぐぼだい》・下化衆生《げけしゅじょう》の神示

実生活は捨ててはならず、捨てねばならぬ、そこが難《むつ》かしいのである。実生活を捨てるのも自分だけ浄《きよ》まるために捨てるのと、他《ひと》を救うために捨てるのと二種類ある。実生活をあまり忙《いそが》しがるな。皆《みな》の者が『道《みち》』をきき病いを癒《いや》して貰《もら》いとうても遠慮《えんりょ》して頼《たの》みに来にくい。そのうちに救われる機縁《きえん》を失《うしの》うて取返しがつかぬようになる人もあるのが可哀《かわい》そうだ。同じ家族でも心の持方《もちかた》、悟《さと》りの程度で、ひとりひとりの運命は別々《べつべつ》である。わが第一の神殿《しんでん》は皆《みな》の誠《まこと》によって形の世界へ顕《あら》われたから第二の神殿《しんでん》に取りかかって貰《もら》わねばならぬ。第一の神殿《しんでん》は聖典『生命《せいめい》の實相《じっそう》』であって智慧の神殿である。第二の神殿《しんでん》は愛の神殿であって、神が愛であり、愛は癒《い》やす力であることを知らす『見真道場《いのちのゆには》』である。智慧《ちえ》と愛と両《ふた》つの神殿《しんでん》が『生長の家』に揃《そろ》えば全世界の地上天国建設の心柱《しんばしら》が出来るのである。この心《しん》柱《ばしら》は心《こころ》の柱《はしら》で智慧《ちえ》と愛との十字である、卍《まんじ》である。

（昭和七年二月九日神示）

〈注〉

初出：『生長の家』一九三二年（昭和7）四月号

『いのちのゆには』の神示

見真道場《いのちのゆには》とは真《まこと》を見《あら》わす斎《きよ》めの場《にわ》である。『真《まこと》』とは『生命《せいめい》の実相《まことのすがた》』のことである。斎《きよ》めるとは迷いを除くことである。人は神の子であるから、その実相を見《あら》わせば病《やまい》なく、悩《なやみ》なく、死なく、一切の不幸は無い。人の世は、神の子と神の子とが相寄《あいよ》って造っている世界であるから、その真実の相《すがた》があらわれれば、人と人、階級と階級、国と国との争い戦いも自然に消える。実相をさとった人が少《すくな》いために皆《みな》が苦しむのである。仮相《かそう》を実相だと思い誤り、皆《みな》が苦しんでいるのが可哀相《かわいそう》であるから、さきには智慧《ちえ》の光で迷《まよい》を照破《しょうは》するために、聖典『生命《せいめい》の實相《じっそう》』を造らせたのである。これを読むだけで救われる人は余程《よほど》神縁《しんえん》の深い人達である。此《こ》の神縁《しんえん》をおろそかにせずに人に伝えて尚々《なおなお》多くの兄弟を救うよう協力せよ。人はすべて神に於《おい》て兄弟である。人を救い道を伝えようと思えば、それが愛即《すなわ》ち神心《かみごころ》であるから、その人に神は偕《とも》にありて神の言葉を其《そ》の人に話さすのであるから、自分はまだ人に話すだけの力がないなどと思わず、其《そ》の時に『生長の家』について思出《おもいだ》したことを話せば、それが種子《たね》となって相手が救われる。人は種子《たね》を播《ま》きさえすれば好《よ》い。教えの種子《たね》は神が人の心の中へ吹《ふ》き込《こ》むから、思い出すままに語ればそれで相手が救われる。人ひとりでも救うのは神の前に大いなる仕事である。此《こ》の事はだいじである。本だけ読んで悟《さと》れる程《ほど》の境《きょう》に達していない人のためと、人を救うために尚《なお》一層深く知りたい人のために、智慧《ちえ》の光に、愛の温《あたたか》さを加えて色々《いろいろ》世話をやくように智《ち》と愛との十字で曼陀羅《まんだら》を織《お》らせるのが見真道場《いのちのゆには》である。これから人を救うための天使《てんし》の霊《れい》の宿っている善き人たちが諸方から此《こ》の道場《ゆには》へ集まって来て、奇蹟《てほん》を此《こ》の道場《ゆには》で見せる。愛の心で来るものは神徳《しんとく》を受けて帰るが、審判《さば》く心や素見《ひやか》し心《ごころ》で来るものは神と心の波長が合わぬから其《そ》の心が直らぬうちは神徳《しんとく》は受けられぬ。

（昭和七年三月十四日神示）

〈注〉

初出：『生長の家』一九三二年（昭和7）五月号

使命邁進《まいしん》の神示

人がどう思うかも知れぬと、そんなことばかり気にかけているようなことでは心の苦しみは絶《た》えぬものだ。自分がどの位《くらい》愛したか、自分がどんな仕事をしたか、そればかりを考えるが好《よ》い。肉体の人間は誤解するものだとあれほど言いきかしてある。肉体は念《ねん》の集積で出来たレンズ又《また》はプリズムであるから、人によって其《そ》の『眼鏡《めがね》』は違《ちが》うから、どんな光線でもみんな屈折《くっせつ》して見えるし、人によって屈折《くっせつ》の仕方も違《ちが》うのだ。三角のものも丸く見えるし、丸いものも三角に見える。深切《しんせつ》で言ったつもりが悪意にとられたり、失敗《しくじ》って言った言葉でおかげを受ける人もある。誰《たれ》が何と思っても、それは迷いで屈折《くっせつ》して色々《いろいろ》に観るのであるから、ただ神に知られることだけを求めて人に知られようなどとは思わぬが好《よ》い。人間の苦しみの一つの元は上《うわ》べを飾《かざ》りたい心である。

（昭和七年三月十五日執務《しつむ》中神示）

〈注〉

初出：『生長の家』一九三二年（昭和7）五月号

無《む》相《そう》円《えん》相《そう》一《いっ》切《さい》相《そう》の神示

吾《わ》が臨《きた》れるは物のためではない、生命《せいめい》のためである。肉のためではない、霊《れい》のためである。これを覚《さと》るものは少《すく》ない。物の生滅《しょうめつ》に心を捉《とら》えられ、物が殖《ふ》えたときに信仰《しんこう》を高め、物が減ったときに信仰《しんこう》を失い、身体《しんたい》が健康になったときに神を讃《たた》え、家族の誰《たれ》かに病気が起ったと言っては信仰《しんこう》を失うが如《ごと》きは、神を信じているのではなく物を信じているのである。物は結局移り変るものであるから、物の御利益《ごりやく》の上に建てられた信仰《しんこう》は、物の移り変りによって壊《こわ》れるのである。神が病気を治して見せるのは、肉体は心でどうにでも移り変らせることが出来ると言う事実を見せて、

『体《たい》』は念《こころ》の影《かげ》だと言う真理をさとらせるためである。念《こころ》の影《かげ》だと言う『体《たい》』とは肉体ばかりのことではない。幽体《ゆうたい》も霊体《れいたい》もすべて念《こころ》の影《かげ》である。『死は無い』と言うのは肉体のことではない。現に肉体細胞《さいほう》は刻々《こくこく》死滅《しめつ》し流転《るてん》している。生き通しであるのは、斯《か》くならしめている『生命《せいめい》』のみである。『生命』のみが吾れであり汝であり、そのほかに吾れも汝もないのである。此《こ》の『生命《せいめい》』をみたまと言う。みたまの形は珠《たま》のように真《ま》ん円《まる》いからみたまと言うように解するものもあれども、真《ま》ん円《まる》いのは形のことではない。神は本来形無く、空《くう》のうちに円満具足《えんまんぐそく》して自由自在であるから仮《か》りに称《しょう》して円相《えんそう》と言うのである。自由自在なるが故《ゆえ》に或《あ》る時《とき》は龍神《りゅうじん》の姿を現じ、また或《あ》る時は衣冠束帯《いかんそくたい》の姿を現じ、或《あ》る時は天使天童《てんしてんどう》の姿を現ずる。いずれの姿も権化《ごんげ》であって偽《いつわり》ではない。しかし一つの形に執《しゅう》して、それのみを吾《わ》れであると思うものは、吾《わ》が真実を知らざるものである。吾《わ》が全相《ぜんそう》を知らざるものである。汝《なんじ》ら心して真《まこと》を知れ。汝《なんじ》たちも神の子であるから我《わ》れと同じきものである。肉体は汝《なんじ》の一つの現れであって汝《なんじ》の全相《ぜんそう》ではないのである。

（昭和七年四月十日神示）

〈注〉

初出：『生長の家』一九三二年（昭和7）六月号

無限供給の神示

われは道《みち》である、光である、生命《せいめい》である、智慧《ちえ》である、光は先《ま》ず東方《とうほう》より現われて遍《あまね》く一切を照らすのである。生長の家が日本《にっぽん》に現われたのも因《いん》縁《ねん》のあることである。老子《ろうし》が谷神死《し》せずと言ったのも吾《わ》れのことである。釈迦《しゃか》が過去《かこ》無量《むりょう》千万億《せんまんおく》阿僧祇《あそうぎ》東方世界に国あり。此《こ》の国に仏いまして多宝如来と称《とな》うと言いたりしも吾《わ》れのことである。天地一切を渾球《こんきゅう》と言い渾《こん》球《きゅう》をタカアマハラと言い、略してアマと言い、天地一切を照らすときの名を天照大御神《あまてらすおおみかみ》と言う。神の名はそのハタラキを示したのであってハタラキに従って相《すがた》もまた異《こと》なる。吾《わ》れが一切《いっさい》多宝《たほう》の供給無尽蔵《むじんぞう》なるハタラキをするとき多宝如来《たほうにょらい》と言うのである。一切の宝一切の善一切の美一切の生命吾《わ》れより出でざるはない。吾《わ》が姿の一つは太陽である。諸方《しょほう》の信仰《しんこう》厚き人々《ひとびと》に吾《わ》が太陽の霊姿《れいし》を霊眼《れいがん》で見せてあるが、天文学上の対象になっている太陽はわが影に過ぎない。釈迦《しゃか》が法華経《ほけきょう》を説くとき、われは地より涌《わ》き出《い》で、空中に『七宝の塔』となって出現したのである。『七つの燈台』は世を照らす光の側《がわ》よりわれを見たのであり、『七宝《しっぽう》の塔《とう》』は多宝無限供給の側《がわ》よりわれを見たのである。『七つ』と言うのは一切と言うことである。吾《わ》れは吾《わ》が誓願《せいがん》の如《ごと》く、誰《たれ》にてもあれ『生命の実相』を説くところに顕れ、彼を讃歎し彼に半座を分って偕に坐し彼と一体となる事を示す。釈迦《しゃか》が法華《ほけ》経《きょう》を説くときわれがあらわれたのは、釈迦《しゃか》は法華経《ほけきょう》を説いたとき『生命《せいめい》の実相』を説いたからである。『生長の家』にわれが顕《あら》われたのは『生長の家』

のとくところは『生命《せいめい》の実相』であるからである。『生長の家』も久遠《くおん》の昔からあり、『生命《せいめい》の実相』も久遠《くおん》の往昔《むかし》からある。わが霊身は『生命の実相』そのものであるから『生命《せいめい》の実相』が説かれるところ、読まれる所、披《ひら》かれるところに吾《われ》は顕《あら》われざるを得《え》ないのである。吾《わ》れは光明遍照世界《たかあまはら》の主宰者《しゅさいしゃ》大日如来《だいにちにょらい》であり千万億《せんまんおく》阿僧祇《あそうぎ》久遠《くおん》の昔より成仏《じょうぶつ》せる釈迦《しゃか》であり、アブラハムの生れざる以前より既《すで》に世の救い主《ぬし》なりしキリストである。吾《わ》れに汲《く》むものは涸《かわ》かず、吾《わ》れは無限の光、無限の生命《せいめい》、無限の愛、無限供給の泉である。

（昭和七年五月五日神示）

〈注〉

初出：『生長の家』一九三二年（昭和7）七月号

万教包容《ばんきょうほうよう》の神示

キリスト教では聖地エルサレムが世界の中心であると言い、大本教《おおもときょう》では丹波《たんば》の綾部《あやべ》が世界の中心であると言い、天理教《てんりきょう》では大和《やまと》の丹波市《たんばいち》が世界の中心であると言い、天行居《てんこうきょ》では周防《すおう》の岩城山《いわきやま》が世界の中心であると言う。世界の中心争いも久しいものである。併《しか》しわれは言う、それらは悉《ことごと》く皆《みな》世界の中心であると。一定の場所が世界の中心だと思っているものは憐《あわ》れなるかな。生命《せいめい》の実相の教えが最も鮮《あざや》かに顕《あらわ》れたところが形の世界の中心であるのである。そこは最も世《よ》を照らす光が多いからである。基督教《キリストきょう》でもイエスの教えがエルサレムに最もよく輝《かがや》いていた時代はエルサレムが世界の中心であったのである。天理教《てんりきょう》でも教えの光が最もよく輝《かがや》いていた時代は大《や》和《まと》の丹波市《たんばいち》が世界の中心であったし、大本教《おおもときょう》でも教えの光が最もよく輝《かがや》いていた時代は丹波《たんば》の綾部《あやべ》が中心であったのである。わが行《ゆ》きてとどまるところは悉《ことごと》く世界の中心であるのである。誰《たれ》にてもあれ生命《せいめい》の実相を此世《このよ》に最も多く輝《かがや》かせた処《ところ》に吾《われ》は行《ゆ》きてとどまり其処《そこ》が世界の中心となるのである。十字架《じゅうじか》の本地《ほんち》も、卍《まんじ》の本地《ほんち》も悉《ことごと》く日《ひ》の本《もと》にある。『＋』もヒノモトと読み、卍《まんじ》もヒノモトと読む。いずれも中心より四方《しほう》に救いの慈光《じこう》の放射された相《すがた》を形《かた》どったものであるからヒノモトと読むのである。古神道《こしんとう》ひとすじで行《ゆ》く、基督教《キリストきょう》ひとすじで行《ゆ》く、阿弥陀《あみだ》ひとすじで行《ゆ》くと言うような人があり、そのひとすじの所に誠があらわれていて喜ばしいが、大抵《たいてい》は自教《じきょう》の外《そと》に他《た》教《きょう》を認め、他《た》と混《まじ》りたくない意味で言うのであるから、自分で自分の崇《あが》める神なり仏なりを小さく貶《おと》しているのが気の毒である。本当の神は一つであり、他《た》の神と対立するような小さな存在ではない。本当の古神道《こしんとう》は自余《じょ》の一切の教《おしえ》を包括《ほうかつ》するものであり、本当の基督教《キリストきょう》は自余《じょ》の一切の教えを包《ほう》括《かつ》するものであり、本当の仏教は自余《じょ》の一切の教えを包括《ほうかつ》するものである。そして如何《いか》なる教《おしえ》にてもあれ一切の教えを包括《ほうかつ》する本当の実相に到達《とうたつ》したとき『生長の家《たかあまはら》』と言うのである。それは天爾《てんに》の『家』であり『巣《す》』であり『統《す》』であって教《おしえ》ではない。その家の中にあって色々《いろいろ》の教《おしえ》が生きるのである。本当の古神道《こしんとう》は『生長《せいちょう》の家《いえ》』の内にあり、本当の基督教《キリストきょう》は『生長の家』の内にあり、本当の仏教は『生長の家』の内にあり、生命《せいめい》の実相の顕現《けんげん》する所、説かるる所、読まるる所、その悉《ことごと》くが世界の中心である。

（昭和七年七月七日朝神示）

〈注〉

初出：『生長の家』一九三二年（昭和7）九月号

懺悔《ざんげ》の神示

汝《なんじ》らのうち病める者あらば、吾《わ》が教えの先達《せんだち》の許《もと》に来《きた》りて祈《いの》りを乞《こ》い神《しん》想観《そうかん》の指導を頼《たの》め。吾《わ》が教えの先達《せんだち》は吾《わ》がことばを受けたるものなれば、彼《かれ》の言葉汝《なんじ》を癒《い》やさん。心に省みて罪ありと思うものは、教えの先達《せんだち》に包むところなく懺悔《ざんげ》すべし。吾《わ》が教えは、『罪』の無を説く。本来『罪』なければ、懺悔《ざんげ》も不要なりと思うは過《あやま》れり。『罪』は本来『暗《やみ》』にして光にあうとき自滅《じめつ》すれども、包みて光に会わしめざるときは、暗《やみ》はそのまま暗《やみ》にして滅《ほろ》ぶるものには非《あら》ざるなり。罪の価《あたい》は死なり。罪を包みて光に会わしめざる結果は死なり。世の人々《ひとびと》よ、悪を包み隠《かく》すことなかれ。悪を包み隠《かく》すは、なお悪に執著《しゅうじゃく》せるがためなり。罪の暴露《ばくろ》を恐《おそ》るるはなおその罪に執著《しゅうじゃく》せるがためなり。『本来罪無し』の吾《わ》が教えを聴《き》きて増上慢《ぞうじょうまん》に陥《おちい》ることなかれ。本来罪なしの真理を知るものが、何《なん》ぞ罪の暴露《ばくろ》を恐《おそ》れてそれを蔽《おお》うことを敢《あえ》てせんや。『罪は本来ないからこれで好《よ》い』と自らを偽《いつわ》ることなかれ。みずからを偽《いつわ》ることは罪の第一なり。そは、みずからを包み隠《かく》し、その本来相《ほんらいそう》の顕現《けんげん》をさまたぐるが故《ゆえ》なり。されどまた罪を一旦懺悔《いったんざんげ》したる以上は、再びその罪に心を捉《とら》えられて、神の分心《ぶんしん》なる自己の心を苦しむることなかれ。罪は懺悔《ざんげ》と共に消ゆるなり。暗《やみ》は光の前に暴露《ばくろ》さるると同時に消ゆるならずや。懺悔《ざんげ》せざるものの罪は消えず、暴露《ばくろ》されざる暗《やみ》の消えざるは当然にあらずや。懺悔《ざんげ》は密室にて行うか、手紙に書きて教《おしえ》の先達《せんだち》に送りても宜《よ》し。されど暗《やみ》の前に、いたずらに悪評する民衆の前に、罪を暴露《ばくろ》しても何の効《こう》なし。暗《やみ》に暗《やみ》を照さしむるとも何の甲斐《かい》かあらん。人は一《ひと》たび真《しん》に懺悔《ざんげ》するとき、その刹那《せつな》よりその全存在は洗い浄《きよ》められたると等しく、本来の神の子たる円相をあらわす。真《しん》に懺悔《ざんげ》せる後《のち》は汝《なんじ》ら心安《やす》かれ。汝《なんじ》らは吾《わ》が真子《まこ》なればなり。吾《わ》れ汝《なんじ》らと一体なり。聖霊《いのちのいき》汝《なんじ》らに交通し、汝《なんじ》らの霊《みたま》殖《ふ》えて汝《なんじ》ら無限生命《せいめい》を得《え》ん。

汝《なんじ》らのうち病める者あらば互《たが》いに祈《いの》り合うべし。互《たが》いに祈《いの》り合うとき、吾《わ》が力汝《なんじ》らの上に来《きた》らん。自己が癒《い》やさるることを祈《いの》るはなお自己の利害にとらわれていることとあり、互《たが》いに祈《いの》り合うとき愛の心あらわれ、神の霊《れい》波《は》そのままに汝《なんじ》らの上に感ずべし。病める人のために、その人を訪れて、祈《いの》り、且《か》つ神想観《しんそうかん》をなすべし。祈《いの》るとき、金《かね》を惜《お》しむ心、金《かね》を欲しがる心、いずれも神の霊波《れいは》に波長の合わぬ迷《まよい》の波動なりと知れ。

地方の信者たち互《たが》いに団結して祈《いの》り合え。家族同士互《たが》いに祈《いの》り合うべし。祈《いの》りて癒《い》ゆるとも自己の力にあらず、神の力なり。本《もと》を忘るべからず。愛をつくし合い、敬虔《けいけん》を竭《つく》し合い、誠を竭《つく》し合い、神を敬すべし。この世界は光と迷《まよい》の反影《はんえい》が交錯《こうさく》してあらわれている映画なれば、迷《まよい》を一日も早く消すが世の苦難を済《すく》う唯一《ゆいいつ》の道なり。

（昭和七年八月十二日神示）

〈注〉

初出：『生長の家』一九三二年（昭和7）十月号

無《む》病《びょう》常楽《じょうらく》の神示

病んでいると言う病《やまい》は本来ない、苦しんでいると言う苦しみは本来ない。『これだけ自分は苦しんでいる』と、その苦しみを自慢《じまん》にするような心は、却《かえ》って病気を招く心である。キリストの受難に倣《なら》って自分も亦《また》苦しもうなどと言う心も愚《おろか》な心である。キリストは神性《しんせい》であるから未《いま》だ嘗《か》つて一度も受難はない。十字架《じゅうじか》も受難ではなく受苦ではなく法楽である。神の子には『難』の受けようがなく、『苦』の受けようがなく任運無作《にんうんむさ》、法爾自然《ほうにじねん》、水の流るるが如《ごと》く、すべてが惟神《かんながら》の法楽である。斯《か》くの如《ごと》く悟《さと》るとき苦しみを自慢《じまん》にする心も苦しみを厭《いと》う心もおのずから消え去ってしまい、苦もなく、艱難《かんなん》もなく、苦楽を超越《ちょうえつ》した本当の楽想を生じ、吾《わ》れが一変し、天地が一変し、人生はただ歓《よろこ》びの讃歌《さんか》に満たされるのである。実相は苦楽を超《ちょう》越《えつ》する法楽であって、実相をもって苦もなく楽もないと言うのは謬見《びゅうけん》である。汝《なんじ》らが『楽』と称《しょう》する『楽』は本当の『楽』ではないから、『楽』を求むれば必ず苦を生ずるのである。五官のうちに、感覚の惑《まど》わしのうちに『楽』があるとするのは謬見《びゅうけん》である。五官の『楽しみ』はその本性《ほんせい》決して『楽』に非《あら》ざるが故《ゆえ》に『苦』に変《へん》ずるのである。実相はかくの如《ごと》き仮相《かそう》の苦楽を超越《ちょうえつ》すれども、真相の『楽』そのものである。法悦《ほうえつ》そのものであり法楽そのものである。その『楽そのもの』が『常住《じょうじゅう》の我《われ》』であって、これが『神の子』である。『神の子』が『人間そのもの』であって、その外《ほか》に『人間』はない。人間とは常楽を言い、無病を言い、不苦《ふく》を言い、不悩《ふのう》を言い、不《ふ》壊《え》を言う。肉体は『人間』ではない。人間の心の痕跡《こんせき》であり、足跡《あしあと》である。破壊《はかい》すべきものは人間ではない。汝《なんじ》らよ、汝《なんじ》ら自身の不《ふ》苦《く》不《ふ》悩《のう》無《む》病《びょう》の実相を見よ。

（昭和七年十一月十日神示）

〈注〉

初出は『生長の家』第三集第十三号［一九三三年（昭和8）一月一日発行］。立教からしばらくの間の『生長の家』誌は「〇月号」という表記をせずに発行されていた。本書では、発行年月日を基準として、それを便宜上「〇月号」と表記している。一九三二年（昭和7）には、十二月一日の印刷納本の本号を含めて十三回発行されたため、この表記をした。「歳末号」の意味である。

本来生《しょう》、不滅《ふめつ》の神示

物質の束縛《そくばく》に縛《しば》られざるものを人間と言うのである。真《しん》の人間は『神の子』であって物質ではなく、肉体ではない。肉体ではないから物質の世界に出入《しゅつにゅう》する事もない。物質の世界に出入《しゅつにゅう》することがないから物質の世界より見れば人間は不生《ふしょう》である。不生《ふしょう》であるから滅《めっ》することも亦《また》ないのである。物質界は念《ねん》に従って生ずる念《ねん》の映像なるが故《ゆえ》に、従ってまた滅《めっ》すれども、『人間』は本来物質界に生《しょう》ぜざるを以《もっ》て又滅《まためっ》すると言う事もない。人間は本来『生《しょう》』である。『滅《めっ》』に対する『生《しょう》』ではなく、本来『生《しょう》』であるから、老《ろう》なく、病《やまい》なく、死なく、破壊《はかい》がないのである。老《ろう》とは『生《しょう》』の衰耄《すいもう》を言えども、人間は本来『生《しょう》』であるから衰耄《すいもう》せず老朽《ろうきゅう》しないのである。衰耄《すいもう》は『生《しょう》』にあらず、人間に非《あら》ず。衰耄《すいもう》なきを『人間』と言い、老朽《ろうきゅう》せざるを『人間』と言う。病《やまい》なきを『人間』と言い、『死』なきを『人間』と言う。釈迦《しゃか》は『人間』の生老病死《しょうろうびょうし》の四苦を見て出家したと言えども、釈迦《しゃか》はそのときまだ『人間』を見ていたのではない。念《ねん》の影《かげ》を見て『人間』と思い違《ちが》いしていたに過ぎない。釈迦《しゃか》が此《こ》の世を見て無常と観じたのも『真《しん》の人間』の世を観たのではない。それは無明《むみょう》の投影《とうえい》の世を観て無常としたのである。真《しん》の人間は無常の中にあらず、肉体の中にあらず、人間は永遠不死、金剛身《こんごうしん》、如来身《にょらいしん》、実相身、清浄身《しょうじょうしん》である。人間は神の子なるが故《ゆえ》に本来『浄《じょう》』にして不浄《ふじょう》ではない。人間を指して不生不滅不垢不浄《ふしょうふめつふくふじょう》と言うのは真相ではない。般若《はんにゃ》の思想は無常想から実有想《じつうそう》に到《いた》る過渡《かと》的思想であるから、不生不滅《ふしょうふめつ》不垢不浄《ふくふじょう》を説きたれどもこれは物質に譬喩《ひゆ》しての方便説《ほうべんせつ》である。人間は不生不滅《ふしょうふめつ》ではなく、本来生《しょう》にして不滅《ふめつ》がその実相である。また人間は不垢不浄《ふくふじょう》ではなく真清浄真無垢《しんしょうじょうしんむく》がその実相である。本来生《しょう》、不滅《ふめつ》、本来清浄真無垢《しょうじょうしんむく》なる人間の実相を知ったとき汝《なんじ》らは歓《よろこ》びに満《みた》されて手の舞《ま》い足の踏《ふ》む所を知らないであろう。

（昭和七年十一月二十五日神示）

〈注〉

初出：『生長の家』一九三三年（昭和8）一月号

自然流通《じねんるつう》の神示

『生長の家』は奇蹟《きせき》を見せるところではない。『生長の家』は奇蹟《きせき》を無くするところである。人間が健康になるのが何が奇蹟《きせき》であるか。人間は本来健康なのであるから、健康になるのは自然であって奇蹟《きせき》ではない。『生長の家』はすべての者に真理を悟《さと》らしめ、異常現象を無くし、当り前の人間に人類を帰らしめ、当り前のままで其《そ》の儘《まま》で喜べる人間にならしめる処《ところ》である。あらゆる人間の不幸は、当り前で喜べない為《ため》に起るものであることを知れ。当り前で喜べるようになったとき、その人の一切の不幸は拭《ぬぐ》いとられる。病気もなければ、貧乏《びんぼう》もない、また搾取《さくしゅ》された富もなければ、搾《さく》取《しゅ》した富もない。蹂躪《ふみにじ》られた弱者もなければ蹂躪《ふみにじ》った強者もない。唯《ただ》、一切が渾然《こんぜん》として一切の者が富んでいる。此《こ》れが実相である。大いなる生命《せいめい》の流れが一切者に貫流《かんりゅう》し、とどまらず、堰《せ》くところなく、豊かに流れて、ものの供給もおのずから無限である。一切のもの必要に応じて流れ入ること、一つの大河の流れより水を汲《く》みとれば、隣《となり》の水来《きた》りて其《そ》の虚《きょ》を埋《うず》めるのと同じさまである。流通《りゅうつう》無限、貧《ひん》に執《しゅう》せざるが故《ゆえ》に貧《ひん》とならず、富に執《しゅう》せざるが故《ゆえ》に他《た》を搾取《さくしゅ》せず、流通《りゅうつう》せざる固定の富なきが故《ゆえ》に、みずから豊富なる供給の流れを受《う》くれどもそれを占拠《せんきょ》せず、執著《しゅうじゃく》せず、来《きた》るに従って拒《こば》まず、受けて更《さら》に価値を増して他《た》を霑《うるお》す。自給自足などとは自他に捉《とら》われた狭《せま》い考えである。自他は一つである。『生長の家』は自給他足、他給自足、循環《じゅんかん》してとどまらず、大実在の無限流通《りゅうつう》の有様《ありさま》を見て、その有様《ありさま》の如《ごと》く現実世界を生きるのが現実界の『生長の家』である。貧《ひん》に執《しゅう》する聖者も、富に執《しゅう》する富者《ふうじゃ》も、『生長の家』人《びと》ではない。当り前の人間を自覚し、当り前に生きるのが『生長の家』の人である。『当り前の人間』が神の子である。皆《みな》此《こ》の真理を悟《さと》った人が少い。『当り前の人間』のほかに『神の子』があるように思って異常なものを憧《あこが》れるのは、太陽に背《せな》を向けて光を求めて走るに等しい。

皆《みな》の者よ、人間の生命《せいめい》の実相を悟《さと》って病《やまい》が治るのは、病念《びょうねん》と言う異常現象が止《や》んで、人間が本来の自然に帰るからである。異常現象はすべて病気の一種である。貧しさも異常現象であるから、人間の心が自然に還《かえ》ればなおるのである。異常現象のなかに神があると思うな。そこには好奇《こうき》を喜ぶ不自然な心があるばかりである。怒《いか》り、憎《にく》しみ、恐《おそ》れ、嫉《ねた》み、他《た》を蹂躙《ふみにじ》って打ち勝ちたい心――すべて是等《これら》は異常な心であるから病気の因《もと》である。異常な心を去れば病気も貧しさも治る。当り前の人間になることが大切である。当り前の人間のほかに神の子はない。

（昭和八年一月二十五日神示）

〈注〉

初出：『生長の家』一九三三年（昭和8）三月号

至上者《しじょうしゃ》の自覚の神示

人即《すなわ》ち神であると言う真理を知らぬ者が多いのは気の毒である。『生長の家』が此世《このよ》に出現したのはすべての人々《ひとびと》に此《こ》の至上《しじょう》の真理を知らさんが為《ため》である。自己が神だと悟《さと》ったら人間が傲慢《ごうまん》になるように誤解したり、自己の本性《ほんせい》が神だと悟《さと》ったものを謙遜《けんそん》が足りぬと思う者は大変な思い違《ちが》いである。斯《か》くの如《ごと》き想像をする者は自己が神だと言う真理をまだ一度も悟《さと》って見たことがないからである。自己が神だと悟《さと》れたら人間は本当に謙遜《けんそん》になれるのである。キリストが弟子の足を洗うことが出来たのも、自己が神だと悟《さと》っていたからである。

本当の謙遜《けんそん》は『神の自覚』から来る。神を自己の本性《うち》に自覚しないものは、いくら謙遜《けんそん》らしく見えても、それは卑屈《ひくつ》にすぎない。卑屈《ひくつ》と謙遜《けんそん》とを思い誤るな。本当の謙遜《けんそん》とは『自己は神より出《い》でた神の子である、従って神そのもののほか何者でもない』と言う真理を何らの抗《さか》らいもなしに承認することである。此《こ》の真理を承認するものを謙遜《けんそん》と言い柔和《にゅうわ》と言う。此《こ》の真理に逆《さから》う者を傲慢《ごうまん》と言うのである。すべての傲慢《ごうまん》と意地張りとは『吾《わ》れ神なり』の真理を承認しないところの根本傲慢《ごうまん》より分化し来《きた》るのである。

観点の違《ちが》う者には解《わか》りようがない。人間の偉大《いだい》な仕事を皆《みんな》憑霊《ひょうれい》の仕事のように説いて、人間をただ憑霊《ひょうれい》の傀儡《かいらい》のように教えるものがあるが邪《じゃ》教《きょう》である。人間の本性《うち》に憑霊《ひょうれい》の示唆《しさ》よりも偉大《いだい》なものがあることを教えるものこそ正しき教《おしえ》である。人間は肉体でもなければ傀儡《かいらい》でもない、人間は霊《れい》であり神であり自主である。若《も》し憑霊《ひょうれい》が『霊《れい》』であるが故《ゆえ》に、偉大《いだい》なる教《おしえ》を説き、偉大《いだい》なる仕事が出来るならば、人間自身も『霊《れい》』であるが故《ゆえ》に偉大《いだい》なる教《おしえ》を説き、偉大《いだい》なる仕事が出来ることも当然でなければならぬ。ただその教《おしえ》や仕事に高下《こうげ》があるのは霊界《れいかい》の霊《れい》にも、人間にも、自己内在の無限性の掘《ほ》りさげ方に差があるからである。

釈迦《しゃか》は決して憑霊《ひょうれい》の傀儡《かいらい》ではない、基督《キリスト》も決して憑霊《ひょうれい》の傀儡《かいらい》ではない。いずれも自己内在の無限性を掘下《ほりさ》げて、終《つい》に仏性《ぶっしょう》に達し、神性《しんせい》に達したから、霊界《れいかい》の諸霊来《しょれいきた》って此《こ》の二聖《せい》に事《つか》えたのである。釈耶《しゃくや》の憑霊《ひょうれい》ばかりを観て釈迦《しゃか》が自覚したところの仏性《ぶっしょう》、イエスが自覚したところの神性《しんせい》を見ない者は憐《あわ》れである。憑霊《ひょうれい》が説くほどの教《おしえ》なら人間自身も霊《れい》であるから説き得《う》べきであるのに、釈耶《しゃくや》の教《おしえ》を釈耶《しゃくや》自身の教《おしえ》ではなく釈耶《しゃくや》の憑霊《ひょうれい》の教《おしえ》であると説くスピリチュアリズムは自己撞著《どうちゃく》に陥《おちい》っているのである。人間よ、人間自身の尊厳を自覚せよ、これを自覚することは人間自身の尊厳を奪還《だっかん》することである。『生長の家』は人間自身の尊厳を奪還《だっかん》せんがために出現した人生の燈台《とうだい》である。

（昭和八年三月十六日神示）

〈注〉

初出：『生長の家』一九三三年（昭和8）五月号

本当の信仰《しんこう》に就《つ》いての神示

平和は内界にあるのであって、外界にあるのではない。外界は現象であり目《め》眩《まぐる》しく移り変る世界である。常に変移する世界を追い廻《まわ》していて落著《おちつ》こうと思っても落著《おちつ》けるものではない。一世を支配する権力者の位置にのぼれば誰《たれ》も自分を脅《おびや》かすことが出来なかろうと思って最高の位置にのぼってみても、高ければ高いほど不安であるのが常である。では、誰《たれ》よりも下《げ》座《ざ》の地位について、もうこれ以上は落ちようのない貧しい生活を送ったら不安がなかろうと思って、乞食《こつじき》の生活を送ってみても、やはり不安は去るものではない。下座下座《げざげざ》と心掛《こころが》けても、一椀《わん》の食にありつくとき、尚《なお》、その一椀《わん》の食にすらありつき得《え》ない同胞《どうほう》があることを思ったら、その一椀《わん》の食も安心して食べられないであろう。所詮《しょせん》は、高く上《のぼ》るも、低く下《さが》るも、比較上《ひかくじょう》の世界に住む以上は、その人の心から不安が去らないのは当然である。何故《なぜ》汝《なんじ》らは絶対の世界に住《じゅう》しないのであるか。目眩《めまぐる》しく回転する円周の世界を追い廻《まわ》さないで、円の中心の世界に住《じゅう》しないのであるか。何故《なぜ》汝《なんじ》らは比較《ひかく》を絶した『我れ神の子』の世界に住《じゅう》しないのであるか。中心の世界に坐《ざ》せば、上下左右天地四維《しい》のいずこに顕現《けんげん》するとも不安はないのである。『我れ神の子』の世界に住《じゅう》すれば、如何《いか》に高き位置につくとも高過《たかす》ぎると言うことなく、如何《いか》に低き位置につくとも穢《けが》されたと言う感じも屈《くつ》辱《じょく》の感じも受けるものではないのである。かくの如《ごと》き『我れ神の子』の実相に参《さん》ぜしめ、無畏怖《むいふ》の境地に入《い》らしめるのが本当の宗教である。恐怖心《きょうふしん》を唆《そそ》って遷善改過《せんぜんかいか》せしめるものは、それは一種の社会施設《しせつ》であり、刑務所《けいむしょ》であり、懲治場《ちょうじば》であって宗教ではないのである。宗教とは己《おの》が真性《しんせい》を自覚せしめ、上下左右天地四維《しい》いずれに動いても、いずれに置かれても、縛《しば》られない、恐《おそ》れない、自由自在の『神の子』たる本性《ほんせい》を自覚せしめるものを言うのである。汝《なんじ》ら恐怖《きょうふ》の宗教に心せよ。神の子は、金剛不壊《こんごうふえ》の実相身、無礙《むげ》自在の無罣礙身《むけいげしん》であるから、凡《およ》そ恐怖《きょうふ》すべき何ものもないのである。恐怖《きょうふ》を教えるものは迷《まよい》を教えるものである。恐怖《きょうふ》を唆《そそ》るものは、迷《まよい》を唆《そそ》るものである。病気や天変地変《てんぺんちへん》や色々《いろいろ》の災厄《さいやく》で恐怖《きょうふ》を教えるものは人間の幸福が物質の増減で左右せられ、或《あるい》は火に焼かれ、或《あるい》は水に溺《おぼ》れるものだとの迷信に立脚《りっきゃく》して教《おしえ》をなすのであり、それを信ずる者は、それは信仰《しんこう》は信仰《しんこう》であっても、迷信に堕《だ》するものである。火にも焼けず水にも溺《おぼ》れず、天地四維《しい》上下左右いずれに置かれるも自由自在な人間の本性《ほんせい》を信ずる信仰《しんこう》こそ本当の信仰《しんこう》である。

（昭和八年八月五日神示）

〈注〉

初出：『生長の家』一九三三年（昭和8）九月号

霊魂《れいこん》進化の神示

『神の子』なる人間の実相を現象世界に実現するのが人生の目的である。現象世界とは現界、幽界《ゆうかい》、霊界《れいかい》を通じて呼ぶ言葉である。人間の運命とは『神の子』なる人間の実相（因子《たね》）が現象界に投影《とうえい》する時、時間的空間的に展開するのに、おのずから一定の順序を追うて展開して行《ゆ》くように大体定められているのを言う。それは譬《たと》えば朝顔の種子《たね》の中には既《すで》に『花』の因子《たね》が包蔵されているが、それが現象界に『花』となって完成するまでには、日光に逢《あ》い、湿気《しっき》に遇《あ》い、芽を出《いだ》し、蔓《つる》を出《いだ》し、蕾《つぼみ》を生じ、ついに花を開くと言うように、大体一定の順序を追うて展開するが如《ごと》きである。斯《か》くの如《ごと》く、神の子なる実相人間も、その投影《とうえい》を現象界に完成するには大体一定の時間を要し、植物が日光に逢《あ》い、雨露《あめつゆ》に遇《あ》うが如《ごと》く、或《あるい》は幸福に恵《めぐ》まれ、或《あるい》は虐運《ぎゃくうん》と戦うことによって、ついに実相人間の現象界への投影《とうえい》を完成するのである。併《しか》し、その投影《とうえい》が完成するには、その投影《とうえい》は『念波《ねんぱ》の集積』で成立《なりた》っているのであるし、人間は心の自由を有《も》ち、自由に実相の悟《さと》りによって念波《ねんぱ》を浄《きよ》め得《え》もすれば、迷《まよい》によって念波《ねんぱ》を一層汚《けが》すことも出来るのであるから、現象世界に実相人間を顕現《けんげん》する過程（進化の過程）を心次第で縮めることも長くすることも出来るのである。霊魂《れいこん》進化の過程を短縮するのは、念《ねん》の浄化《じょうか》による。念《ねん》の浄化《じょうか》には、実相を悟《さと》ることが第一であり、物質欲に捉《とらわ》れざることが第二である。物質欲に捉《とらわ》れざるためには、『物質本来無し』の真理を悟《さと》るが第一である。『物質本来無し』の真理をさとる程度に達《たっ》せざる者には、物質の快《かい》に捉《とらわ》れざるための修行として、自ら進んで苦を求めて喜ぶか、物質に快《かい》を求めて却《かえ》って苦を得《う》る体験を通じて、ついに物質欲に捉《とらわ》れざるに到《いた》るかの二途《にと》しかない。前者は自ら進んで嘗《な》める苦行であり、後者は幸福を求むれども求むれども運命的に他動的にやってくる苦難である。その他《た》に過去の悪業《あくごう》の自壊《じかい》する過程として自己の霊的《れいてき》流動体に起る擾乱《じょうらん》現象の苦痛もある。苦難がみだりに取去《とりさ》られず、多くの霊魂《れいこん》の霊《れい》界《かい》通信が苦行の価値を力説しているのも此《こ》の色々《いろいろ》の理由によるのである。

（昭和八年九月十五日神示）

〈注〉

初出：『生長の家』一九三三年（昭和8）十一月号

児童教育に関する神示

多くの母親は子供のことを余りに取越苦労《とりこしくろう》するために、却《かえ》って子供に悪思念を放送して子供の健康や運命を害している。或《あ》る母親は一瞬間《いっしゅんかん》でも自分の眼の前にいないと心配でたまらないのである。彼《かれ》は自分の想像の中《うち》で、躓《つまず》いて転んでいる自分の子供の姿を思い浮《うか》べる。自動車にひかれて死にかかっている自分の子供の姿を思い浮《うか》べる。水に陥《はま》って溺《おぼ》れかかっている自分の子供の姿を思い浮《うか》べる。世の母親よ、何故《なぜ》あなたはこの反対をしては可《い》けないのか。こんな取越苦労《とりこしくろう》が起るのは、子供を神の子だと思わないで人間の子だと思うからである。神の子は神が育て、人間の子は人間が育てる。人間の子だと思うものは終世《しゅうせい》、取越苦労《とりこしくろう》をして育てねばならぬ。子供を神の子だと思うものは、子供を尊敬して出来るだけその世話をさせては頂くが、神が守ってい給うと信ずるが故《ゆえ》に取越苦労《とりこしくろう》は必要はないのである。人間力《にんげんりょく》で子供を生かし得《う》ると思うなら終日《しゅうじつ》終夜《しゅうや》起きて子供の番をしておれ。それは出来なかろう。出来ない間に子供を生かしているのは神の力である。

〈注〉

『生長の家』一九三〇年（昭和5）十二月号に前半の文章だけが「神示」と表記されずに掲載された。その後、一九三二年（昭和7）一月に発行された『生命の實相』（初版革表紙）において、全文が神示として掲載された。

〝新しい文明〟を築こう

上巻　基礎篇「運動の基礎」

―参考文献―

岡田温司監修『聖書と神話の象徴図鑑――西洋美術のシンボルを読み解く』（ナツメ社、二〇一一年）
島田裕巳著『八紘一宇――日本全体を突き動かした宗教思想の正体』（幻冬舎、二〇一五年）
生長の家編『生長の家五十年史』（日本教文社、一九八〇年）
生長の家編『生長の家四十年史』（日本教文社、一九六九年）
生長の家編『生長の家は伸びる――両軸体制ハンドブック』（生長の家、一九八九年）
生長の家監修『真・善・美を生きて――故 谷口清超先生追悼グラフ』（日本教文社、二〇〇九年）
世界聖典普及協会編『音楽を愛する人のために』（世界聖典普及協会、一九八三年）
谷口清超著『新しい開国の時代』（生長の家、一九八九年）
谷口清超著『歓喜への道――二十一世紀のために』（日本教文社、一九九二年）
谷口清超監修『新編　聖光録』（日本教文社、一九七九年）
谷口清超監修『改訂版　地方講師活動指針　求道と伝道のために――神意を実現する人類光明化運動』（日本教文社、一九九六年）
谷口雅宣著『日々の祈り――神・自然・人間の大調和を祈る』（生長の家、二〇〇七年）
谷口雅宣著『大自然讃歌』（生長の家、二〇一二年）
谷口雅宣著『観世音菩薩讃歌』（生長の家、二〇一二年）
谷口雅宣著『信仰による平和の道――新世紀の宗教が目指すもの』（生長の家、二〇〇三年）
谷口雅宣著『戦後の運動の変化について（誌友会のためのブックレットシリーズ4）』（生長の家、二〇一七年）
谷口雅宣著『足元から平和を』（生長の家、二〇〇五年）
谷口雅宣著『小閑雑感 Part 9』（世界聖典普及協会、二〇〇八年）

谷口雅宣著『次世代への決断――宗教者が〝脱原発〟を決めた理由』（生長の家、二〇一二年）
谷口雅宣著『宗教はなぜ都会を離れるか？――世界平和実現のために』（生長の家、二〇一四年）
谷口雅宣監修『歴史から何を学ぶか――平成十五年度生長の家教修会の記録』（生長の家、二〇〇四年）
谷口雅春著『生命の實相』頭注版第二十巻自傳篇下／聖詩篇（日本教文社、一九六三年）
谷口雅春著『生命の實相』黒布表紙版第十六巻神道篇／經濟生活篇（光明思想普及会、一九四一年）
谷口雅春・谷口清超著『新版　菩薩は何を為すべきか』（日本教文社、一九九六年）
谷口雅春著『聖経版　真理の吟唱』（日本教文社、一九七二年）
谷口雅春著『神の真義とその理解――住吉大神顕斎の意義』（日本教文社、一九七九年）
谷口雅春著『御守護　神示集』（日本教文社、一九八一年）
谷口雅春著『生命の實相』初版革表紙復刻版（日本教文社、一九八二年）
中島岳志著『親鸞と日本主義』（新潮社、二〇一七年）
中島岳志・島薗進著『愛国と信仰の構造――全体主義はよみがえるのか』（集英社、二〇一六年）
保坂修司著『正体――オサマ・ビンラディンの半生と聖戦』（朝日新聞社、二〇〇一年）
ミシェル・フイエ著／武藤剛史訳『キリスト教シンボル事典』（白水社、二〇〇六年）
G．ハインツ＝モーア著／野村太郎他訳『西洋シンボル事典――キリスト教美術の記号とイメージ』（八坂書房、二〇〇三年）

“新しい文明”を築こう　上巻　基礎篇「運動の基礎」

2020年4月25日　初版第1刷発行
2020年7月25日　初版第3刷発行

監　修　谷口雅宣
著　者　谷口雅宣　谷口清超　谷口雅春
編　纂　生長の家国際本部
発行者　磯部和男
発行所　宗教法人「生長の家」
山梨県北杜市大泉町西井出8240番地2103
電話（0551）45-7777　http://www.jp.seicho-no-ie.org/
発売元　株式会社　日本教文社
東京都港区赤坂9丁目6番44号
電話（03）3401-9111
FAX（03）3401-9139
頒布所　一般財団法人　世界聖典普及協会
東京都港区赤坂9丁目6番33号
電話（03）3403-1501
FAX（03）3403-8439
印刷・製本　東港出版印刷株式会社
組　版　サンニチ印刷株式会社
デザイン　黒野真吾

本書は、環境に配慮し、適切な管理が行われている循環型の植林木を原材料とした用紙を使用しています。

落丁・乱丁本はお取替えします。
定価はカバーに表示してあります。

Printed in Japan
ISBN978-4-531-01041-7